MW01625579

Colección
SALUD
Y BIENESTAR

¡Ni sola, ni loca!, 2020.

Editorial PanHouse
www.editorialpanhouse.com

Edición general:
Jonathan Somoza
Gerencia editorial:
Paola Morales
Coordinación editorial:
Barbara Carballo
Edición de contenido:
Julio López
Corrección editorial:
Francis Machado
Corrección ortotipográfica:
Gloria Calvo
Ilustraciones:
Chriss Braund (@chrissbraund)
Diseño, portada y diagramación:
Audra Ramones

ISBN: 978-980-7868-95-2
Depósito legal: DC2020001409

Claudia Siciliano

¡NI SOLA, NI LOCA!

PanHouse

ÍNDICE

DEDICATORIA 13
AGRADECIMIENTOS 15
SOBRE LA AUTORA 17
TESTIMONIO 19
PRÓLOGO 25
INTRODUCCIÓN 31

Capítulo 1 35
Hoy vuelvo a mí
Vivir o sobrevivir 40
Tu cuerpo no tiene marcas pero tu cerebro tiene cicatrices 45
Secuelas que ha dejado en ti el abuso psicológico 45
Notas reflexivas 51

Capítulo 2 53
El control vestido de amor
¿Cómo me convertí en la presa ideal? 63
Fases de un amor imperfecto 68
Acepto que todo fue una gran estafa 73
La salida dolorosa 75
Mi historia familiar 76
El progenitor ausente 84
La triangulación: una forma de control 85
Impacto de una familia que no sabe amar 89
Hay variaciones en el afrontamiento y tu reacción a la familia donde creciste 92
Notas reflexivas 95

Capítulo 3 97

Decido mirar

Perfil de alguien que no sabe amar 100

Recomendaciones para identificar a una persona narcisista 103

Técnicas utilizadas para manipularte y abusarte 105

El deseo de mantener un vínculo malvado 109

Gaslight o luz de gas 110

La tortura psicológica de la fantasía de infidelidad 111

Flechas invisibles 113

El final, la confusión 115

Abuso narcisista 117

Notas reflexivas 124

Capítulo 4 125

Convierto mis heridas en alas

Enamórate de ti, aumenta tu autoestima 129

Autoconcepto 133

¿Cuáles son los factores que forman una autoestima pobre? 134

La dualidad, nuestra compañera 135

Tu peor enemigo, el autosabotaje 137

Formas de escape: los excesos 138

El camino: conciencia, gestión y regulación emocional 140

El duelo de lo idealizado 141

Abrazar el miedo 143

Cuidado con la desesperanza aprendida 144

El cuerpo nunca miente 147

La intuición como salvavidas 149

Notas reflexivas 151

Capítulo 5 153

Sabiamente sana

Codependiente frente a conarcisista 155

Tus pulgas tóxicas 156

La clave es el equilibrio 158

En búsqueda de esa acción liberadora 160

Tu proyecto: la felicidad 162

Yo sano, vínculo sano 166

Agradecer lo que fue para permitir el futuro 170

Construye tu legado saludable 171

Controlar tu vida es poner límites 172

Rompe el vínculo tóxico 174

Gestión de emociones 177

Notas reflexivas 179

Capítulo 6 181

En defensa de mi felicidad

El tiempo es ahora, pues la vida es corta 185

Un contrato como promesa 187

Acompañamiento psicológico 189

Es momento de explorarte 190

Identifica tus fortalezas y cualidades 193

Encuentra tu *flow* 195

Conociendo mis emociones 196

Confronta los pensamientos negativos con la realidad 198

Autorreporte y autobservación 198

Otros ejercicios que te ayudarán 207

CONCLUSIÓN 219

ES TU MOMENTO 221

DEDICATORIA

Este libro está dedicado a personas con el alma rota, las que llevan consigo una herida que nadie puede ver. A las personas que desconocen el origen de su tristeza e inseguridad, a las personas que desean amar y ser bien amados.

A las personas buenas que han sido víctimas de personas que no saben amar.

A las mujeres que han decidido poner fin al amor manipulador y chantajista.

A las personas que desean amar genuinamente y cortar con la cadena hereditaria del dolor.

Dedico especialmente este trabajo a mi Abuela Blanca Morales, quien siempre vio lo bueno en mí y sembró lo bueno de ella en mi alma y memoria.

AGRADECIMIENTOS

Mi agradecimiento eterno a Dios, mi sostén y protector.

A mí, por aprender a escuchar mi propia voz, agradezco a mi curiosidad, a mi intuición y a mi ignorancia sobre el amor porque "del dolor surgen grandes cosas".

Agradezco a las mujeres y a los hombres que confiaron en mí, para acompañarlos en su dolor, en su proceso de sanación y liberación emocional.

SOBRE LA AUTORA

Claudia Siciliano, psicóloga de profesión, magister en Psicología Clínica y Gerencia Empresarial. Formada bajo el enfoque cognitivo-conductual y certificada como analista conductual. Complementa su práctica con una formación en Psicología Positiva, *mindfulness* y *life coach.*

Desde sus inicios ha sentido inclinación por la investigación, la difusión de información con respaldo científico y herramientas dirigidas hacia el bienestar y crecimiento personal, así como a la recuperación del abuso psicológico o chantaje emocional en todos sus ámbitos: pareja, familia y organizacional. Claudia ha realizado investigaciones en abuso narcisista, apego adulto, pensamientos rumiantes y distorsiones cognitivas.

TESTIMONIO

Lo primero que me gustaría destacar es que actualmente me siento plena, en paz y en armonía con la vida que llevo. Hoy pienso que soy una persona capaz y realizada. He podido alcanzar todo lo que soñé y tengo todo lo que necesito para ser feliz. Tomo consciencia todos los días de mis fortalezas, me las recuerdo y pongo atención a todo los que sucede en mi interior.

Hoy en día, y es algo que quisiera recordar, centro mi atención en la plenitud que siento, tomé la iniciativa de consolidar mi sanación, por mí y también para ayudar a otros a luchar por su felicidad, pues sí es posible.

El que me conozca hoy, jamás pensaría que soy una sobreviviente. Mi vida no es perfecta, pero he logrado adquirir la seguridad y la fuerza para volverme una persona con identidad personal y financiera. Hoy soy la dueña de la vida que siempre quise, y lucho por defender mi paz con constancia y determinación. Soy capaz de mostrarme al mundo, de expresar lo que pienso, de corregir y levantarme luego de un momento de apatía; de eso se trata de vivir en equilibrio.

¿Cómo llegué yo a una relación abusiva? Mis padres se divorciaron cuando yo tenía un año, y crecí escuchando discusiones por la distribución del tiempo con nosotros, así como otras quejas y opiniones negativas uno del otro; sin embargo, lo que realmente creo que pudo haber tenido alguna influencia en mi autoconcepto, fueron los mensajes que recibía de mis padres.

Mi madre es una mujer a la que amo profundamente, y la considero buena madre, pero dentro de su humanidad tuvo aciertos y desaciertos. Gracias a ella también desarrollé mis virtudes. Fue una mujer muy demandante conmigo, nada era suficiente, yo no era suficiente, siempre muy pendiente de resaltar lo que se podía mejorar, en lo que no era tan buena. "Estás gorda, sí estás flaca", "eres bonita, pero te falta altura", "eres inteligente, pero puedes serlo más"; en fin, imposible de complacer.

Cuando creces con esos mensajes de insatisfacción es difícil crearte una imagen segura; tener una creencia de ser "buena" o "suficiente" en algún aspecto.

Actualmente he logrado cambiar el enfoque y destacar que esos mensajes me sirven para crecer y no para quitarme las ganas; contribuyó a que yo fuera una persona perseverante, una persona ambiciosa y que quisiera llegar siempre más lejos. Puedo ver lo bueno en ella y disfrutar de eso, pero tambien soy capaz de poner límites y no dejar que me afecte algún comentario hiriente, porque si yo confió en mí, los comentarios pierden valor.

Por otro lado, mi padre me afirmaba la idea de ser maravillosa, "eres una estrella", me decía. Él fue quien notó mi talento, me decía: "tienes que ser cantante o actriz, eres brillante y fabulosa".

Estos dos mensajes son parte de mí. Por un lado, sé que tengo aspectos buenos, pero también sé que puedo ser mejor, es decir, soy muy buena y lo sé, pero hay algo que me falta y debo buscar; y ahí radica mi punto más débil, doy mucho, pero siento que debo dar más para ser suficiente y aposté por complacer, cubrir y amar para ser mejor esposa.

Yo sabía que brillaba, que había aspectos buenos en mí, que iba camino al éxito, pero faltaba quien me siguiera recordando que necesitaba más y escogí una persona que no sabía amar, quien llegó para hacerme saber que de nuevo "no era suficiente".

Así llegué a casarme con una persona ególatra, que cree que de verdad es más que los demás y que es mejor que todo el mundo.

Me casé para toda la vida y muy enamorada, le entregué mi vida para hacerlo feliz y él se aprovechó de mí. Me sacó todo lo que me pudo sacar, me dejó seca, me robó la paz, la alegría, la seguridad, me robó mi valor personal, me quitó todo y yo lo permití, jamás por tonta, sino por amor, y por su hábil manipulación emocional.

Hoy veo con claridad que yo lo permití, es cierto, pero aun así no me lo merecía y él no me merecía, para él era un beneficio estar con alguien como yo; utilizó mis herramientas y conocimientos para crecer y ser famoso. Por un lado, me usaba y por el otro me pisaba. Me reafirmaba mi creencia de "no ser suficiente" y me fue infiel varias veces, y a pesar de darlo todo "no era suficientemente buena esposa" y salía sin mí, no era ni siquiera buena para estar con su familia y me destituyó de todo. Hoy lo resumo, pero la verdad es que todo fue tan poco a poco, que no lo vi tan claro sino justo al final.

Cuando tu pareja no te respeta de manera verbal, y mucho menos emocionalmente, no te valora ni te admira, no te proporciona una estructura estable de amor, y es cuando tu mundo se empieza a destruir.

Fueron cinco años consecutivos de hacerme sentir bruta, gorda, fea, vieja. Llegué al punto en que ni siquiera las defensas me servían para defenderme y me lo comencé a creer. Me operé los senos para tratar de llamar su atención y el comentario que recibí fue “te quedaron feos”.

No hay explicación para describir la sensación; literalmente te van destruyendo, minimizando, te anulas y te sumerges en una depresión tan profunda que no sabes salir de ahí, y nuevamente repito, son mensajes bien paulatinos y manipulados.

A causa de todo este desamparo yo me sentí sola. Y también es que cuando tú estás en una relación abusiva, lo primero que hace es alejarte de todo el mundo, incluyendo de los que tú más quieres. Me quedé sin amigas, me alejé de todo, mi mundo se volvió en torno a él.

¿Por qué me tardé en cortar ese vínculo? Por un lado, estaba tan destruida que no veía mis recursos, estaba desolada y triste. Y por el otro, no contaba con el apoyo de mi madre, porque cuando yo le contaba o hacía comentarios, ella me respondía algo como: “¿qué le hiciste para que se pusiera bravo? Tú has tenido que hacer algo”. Siempre de alguna u otra forma era mi culpa. Eso me confundía. Ella sin querer me exigía que fuera mejor mujer y esposa para que mi esposo estuviera más feliz, aun acosta de mi paz y felicidad.

¿Cuándo acabo? Empecé a tener graves problemas de salud y él me abandonó. Cuando yo estaba en lo peor, a él se lo tragó la tierra, cuando iba al hospital, él no estaba. Fue ahí cuando tomé consciencia porque cuando uno ama a alguien, uno también quiere estar en los peores momentos. Una de mis grandes amigas me dijo que él no me amaba, y me acuerdo de que lloré, porque, yo lo sabía, pero, también sabía que cuando uno decide enfrentar, duele mucho.

Seguidamente me enteré de que tenía una familia paralela y tenía un hijo de la misma edad que mi hijo, y eso no lo pude tolerar. No solo me había sido infiel muchas veces, ahora tenía otra familia escondida por años.

Finalmente, después de un incidente muy desagradable tomé la decisión de salir de la casa y terminar. Fue muy doloroso, sufrí, quise morirme muchas veces, pero tenía un hijo. Llegué a pedirle a Dios que me quitara la vida, y que mi hijo se quedara con mi hermana. A esos niveles de devastación había escalado. Jamás intenté nada, ni valentía me quedaba para hacerlo.

Pasé unos seis meses muy mal, hasta que llegó el día en que yo misma me cansé. Leí muchos libros y fui a terapia y empecé a sanar la herida, mis raíces y mi historia. Nunca fue mi culpa, simplemente no me amaban. Perdoné y aprendí de mí misma, prometí que no iba a permitirlo más nunca.

Empecé a construir la imagen de la pareja que yo deseaba. Dejó de importarme mi expareja. Eso sí, decidí no envenenarle el corazón a mi hijo, jamás le hablo mal acerca de su papá. De hecho, él tiene su número; cuando sea mayor él sabrá qué decisión tomar.

Me tomó siete años volver a establecer una pareja, porque antes procuré empoderarme y restaurar lo que fui antes de la anterior, una mujer alegre y exitosa. Asimismo, reconstruí todo y surgí financieramente; adquirí mi casa, un carro, y empecé a cubrir las necesidades de mi hijo.

Cuando volví a ser yo, le abrí la puerta al amor y encontré una pareja que sabe amar y con la cual me siento valorada y admirada. No somos perfectos, pero caminamos juntos y siempre en reciprocidad. No está arriba ni debajo de mí, está a mi lado.

Amiga que lees este libro, hoy te digo, la felicidad, el equilibrio y la paz sí existe y sí es posible amar en libertad.

Graciela Buck,
feliz sobreviviente
del abuso psicológico

PRÓLOGO

Hace poco tiempo escribí acerca del amor sin darme cuenta, lo que terminó tomando forma de un libro. Ese libro llegó a manos de Claudia, le gustó, y esto se transformó en motivo para una colaboración, por eso hoy estoy aquí sentada escribiendo el prólogo para su propio libro.

Lo cierto del amor es que nada es cierto del todo y es que aún nadie tiene una verdad absoluta en cuanto a este sentimiento. Quizás, la verdad es que es complicado describirlo, que puede tener miles de significados y que, finalmente, ese significado en realidad lo que debería englobar es la palabra bienestar, aunque, el valor que tenga sea distinto para todos.

Por cierto, antes de comenzar este libro te pido que escribas en estas líneas qué es para ti el amor. No olvides revisar el concepto que escribiste luego de que leas el libro. No pienses demasiado, escribe rápido y de forma espontánea; empecemos este camino de una vez:

____

____

____

____

____

____

Cuando Claudia me contactó pensé: ¡Qué responsabilidad escribir un prólogo! No le di seguridad y dije: "luego de leer tu libro lo decido". Pues bien, me basé en vivir la experiencia y ver qué resultaba. La idea era entonces: "antes de decidir mejor leo, me tomo mi tiempo y, luego, dependiendo de cómo me sienta, elijo". Ahora bien, ¡qué buena idea fue esa de vivir la experiencia!

Luego de leer el libro no lo dudé y hoy ratifico que esta obra es vivir una experiencia, la experiencia de leer y luego decidir con propiedad acerca del amor. Siempre comento que entre más recursos tengamos -y no hablo necesariamente de recursos económicos, al contrario, me refiero a recursos emocionales e intelectuales- más tendremos la capacidad de elegir, y que nuestras elecciones realmente nos generen bienestar.

Escribir definitivamente es una manera de impactar, de impactar la vida de alguien para que logre conectarse consigo mismo, darse cuenta, sanar, superar, sentir que eso que siente no es tan ajeno, tan único, y que puede quizás estarlo sintiendo por mucho tiempo y simultáneamente estar sufriéndolo sin reconocerlo, naturalizando un montón de cosas por miedo, por costumbre, porque así lo aprendió; entonces sí, leer es aprender y también desaprender.

Esto que escribe Claudia en su libro es algo que a diario podemos ver en consulta los psicoterapeutas, casos, anécdotas, vivencias, más o menos similares, sin embargo, no porque lo veamos a diario deja de tener relevancia. La vivencia dolorosa de perderlo casi todo en una relación excede mucho más de lo que pensamos, lo bueno es que, aunque el camino es difícil y a veces incluso lleno de túneles, de huecos, de retrocesos, de dolor…

tiene salida. Pero recordemos que los túneles tienen salida y las cuevas no. Pero, aunque parezca, nunca lo perdemos todo, es nuestra mente la que nos hace pensar de esa forma.

Con este libro podremos iniciar ese camino de conocernos, validarnos y respetarnos a través de historias, de mucho conocimiento, ejemplos, reflexiones, anécdotas, teorías, que nos pueden servir para entendernos mejor a nosotros mismos, así como a nuestra historia, nuestros miedos, nuestras relaciones y vínculos. Porque en nombre del "amor" se puede permitir mucho sufrimiento, la carencia de amor siempre nos acerca a no atender nuestras necesidades, a no nos percatarnos de lo que sentimos y nos anulamos como persona.

El amor nos invita a buscar nuestro bienestar, siendo nuestros propios acompañantes, sin imponer, ni forzar, aceptándonos, escuchándonos y permitiéndonos ser felices. Aun así, muchas veces surgen muchas interrogantes: ¿por qué seguimos teniendo experiencias dolorosas con relación al amor si este debería producir bienestar?, ¿por qué existe el desamor y nos ocurren tantas cosas?, ¿por qué es tan difícil darnos cuenta y preferimos seguir negando, olvidando, ocultando, reprimiendo, silenciando y naturalizando situaciones que nos generan malestar?

Es importante expandir nuestro conocimiento en temas del amor, porque en realidad la sociedad no nos educa. En mi libro mencioné algo acerca de la educación invisible, esa que no nos enseñan en el colegio ni nuestros padres, pero sí sentimos a diario cuando vemos, escuchamos y percibimos cómo se vinculan los demás.

Tomando en cuenta este tema, te invito a detenerte y a releer sin juzgar cómo influye nuestra historia familiar, tomando en cuenta que la familia siempre o casi siempre tiene todas las posibilidades de decepcionarnos, porque todo lo que está lleno de expectativas tiene una alta probabilidad de decepción.

Ahora bien, aprender sobre el amor y el desamor, definitivamente es ampliar nuestra mente y fomentar el bienestar de nuestros vínculos de pareja, amistades, familia y sociedad. Algo que ocurre es que a muchas personas se les sigue dificultando ver, reconocer y tomar consciencia de que están negociando su autoestima, que están entregando sus límites y que están perdiendo su frontera. Hay fronteras superpeligrosas y relaciones que pueden ser como un tsunami, un desierto o arenas movedizas, hablando metafóricamente como lo hablo en *El Mapa del amor*, y precisamente allí es donde es importante conectarnos con ese conocimiento y decir: "Decido mirar".

Es importante saber que las experiencias traumáticas en una relación de pareja pueden generar mucho malestar en nuestra vida y ejercen un impacto muy fuerte en nuestro bienestar, autoestima, manera de vincularnos, en fin, en nuestra salud mental y emocional en general. En este sentido, es bueno preguntarnos: ¿por qué es que estoy en situaciones que me generan tanto dolor?, ¿cómo lo he aprendido y naturalizado? Ha ocurrido poco a poco de manera silenciosa hasta que cuando hace ruido ya es tarde, pero… no demasiado para cambiarlo, no demasiado para volver a nosotros, no demasiado para volver a ti.

A veces es muy difícil entender cómo esto es algo que pasa, los conceptos a veces se quedan en palabras y es muy difícil darnos cuenta, por lo que siempre es importante entender que nuestra brújula es el sentir. Cuando se está en una relación disfuncional, esos detalles vividos son muchas veces distorsionados, aunque nuestro sentir siempre nos diga: "algo no anda bien, algo no anda bien". El maltrato psicológico nos distancia de nuestro "yo": "yo pienso", "yo soy", "yo tengo", "yo puedo", y poco a poco se van anulando.

Muchas veces nuestra consciencia intenta sanar todas esas experiencias traumáticas, aunque esté llena de miedos, maltrato, inseguridades, dependencia, dolor, dudas. Lo que ocurre es que -y siempre lo digo- nos podemos dar cuenta de un error ortográfico o cuando decimos una palabra de forma incorrecta, sin embargo, muchas veces no nos damos cuenta de nuestras distorsiones cognitivas y de los pensamientos irracionales que nos embargan a propósito de una relación.

Volver a nosotros siempre será la mejor opción, podemos iniciar viendo las secuelas que dejó el abuso psicológico, que es un recurso doloroso pero lleno de resiliencia. Ahora que lo sabes no es para continuar en el sufrimiento, es para sentirte saludable y para que puedas ver que algo no estaba bien, que incluso muchas cosas estaban mal.

En este libro, Claudia elabora un recorrido que va desde el darse cuenta o la identificación de todo lo que se puede llegar a vivir en una relación traumática. Nos revela cómo nos podemos convertir en la presa ideal, qué es el abuso narcisista y cómo de manera sanadora podemos convertir nuestras heridas en alas para defender nuestra felicidad asumiendo que lo que sentimos, pensamos y hacemos es importante y es valioso.

Quiero compartir una modificación que hice para mi libro de la oración de Gestalt de Fritz Perls, que siento sin duda que también podrá hacer reflexionar a los lectores de este libro:

> Yo soy yo, y tú eres tú, mi amor no implica que deba cumplir con todas tus expectativas, tu amor no implica que debas cumplir con las mías; tú eres tú, y yo soy yo, te acepto como eres mientras no me dañes, acéptame como soy mientras no te dañes, tú no eres mi alma gemela ni yo soy la tuya, sin embargo, disfruto el encuentro contigo; tú eres tú, y yo soy yo, disfruto también mi vida sin ti, al igual que tú puedes disfrutar tu vida sin mí.

Si lo que lees te mueve emocionalmente durante este camino hacia el darte cuenta, la autoestima y la superación, siéntete con todo el derecho de buscar ayuda profesional y el acompañamiento. Recuerda que ningún libro puede sustituir el necesario trabajo psicoterapéutico, toma en cuenta que lo que sientes es importante. En este libro encontrarás una lectura llena de reflexiones, de visión, comprensión y un camino hacia el bienestar.

Entonces, empieza.

Andrea San Gil
Psicóloga y psicoterapeuta
@Psicologiasincera

INTRODUCCIÓN

¿Quién puede definir la locura? Para muchos es la defensa de su felicidad. La locura pueden ser los sueños, decisiones y las emociones descontroladas. Es interesante escuchar el término locura en la boca de los que, sin vergüenza, se creen dueños de la verdad y creen tener la omnipotencia de la sabiduría absoluta, utilizando el termino como un arma para deshacer todo acto de rebelión personal.

La huella que dejan a su paso, es la percepción de soledad e indefensión pues al ser valorada como descabellada y sin sentido pierde valor por defender lo que siente merecer. Sentirse en soledad es no tener a donde refugiarte ni sentir seguridad emocionalmente, a pesar de estar rodeado de personas nadie parece poder ayudarte. La vergüenza te acompaña, es la sombra del lado oculto. Con frecuencia se activa ante un evento externo, pero en muchas ocasiones son nuestros propios pensamientos los que nos generan sentimientos negativos, cargados de juicios y críticas. Algo sentimos muy dentro, como una campana que suena diciéndonos que algo no está del todo bien; el alma lo rechaza y lo expresa de mil maneras diferentes.

Puedes mostrar una vida aparentemente normal, pero en el interior, en lo más profundo, tienes una espiral de sentimientos de frustración, desesperanza o tristeza, contra la que luchas constantemente. Cada mañana te entregas a Dios, a la vida y simplemente sigues respirado o viviendo…

«Tengo miedo de fracasar», «me incomoda pensar que los demás hablen de mí», «tengo muchas metas, pero me cuesta alcanzarlas», «soy exitosa en mi trabajo, pero no en el amor», «me avergüenza pedir ayuda», «creo que no he podido desarrollarme en nada», «me siento muy sola», «me cuesta mucho expresar mis sentimientos», «a veces me dicen que exagero o que estoy loca», «creo que mi pareja me ama, pero no estoy segura», «yo quiero a mi pareja, pero imagino mi vida con alguien más», «no puedo pedirle ayuda o hablarle de mis sentimientos, porque lo toma mal y se pone violento».

«Le debo tanto a mi familia que siento que debo complacerla», «a veces me comparan con mi hermana u otras personas», «hace chistes y comentarios sarcásticos e hirientes sobre mí», «con frecuencia afirman que mi esposo no sirve, que yo soy ingenua, tonta y dependiente», «tengo tantas cosas por cumplir con los otros, que no me queda dinero ni tiempo para cubrir mis necesidades», «mi pareja no le pone límites a su familia, no hace nada para defenderme».

Si has llegado a pensar algunas de estas frases (u otras por el estilo), seguramente este libro es para ti.

Te preguntas si aquello que te ha afectado o desestabiliza tu estado de ánimo se debe a un problema personal, «quizás algo faltó o no recibí en mi infancia, vine con muchos defectos o mi pasado decidió mi destino». O por el contrario, «¿son las personas con las que mantengo un vínculo afectivo las que hacen que yo me sienta mal?», «¿son ellos quienes me quitan la energía?», «¿tendrán razón al decirme que debo cambiar?»,

«¿es esta la manera más saludable de amarme?» Te confundes porque no sabes si eres tú misma o si son los demás.

El amor es el sentimiento más maravilloso que poseen los seres humanos, pero existen algunas personas que no saben amar y te hacen daño con chantajes emocionales y manipulaciones sutiles que van acabando con tu ser, con tus ideas y represando tu deseo de vivir. «¿Cómo pude no darme cuenta?», se preguntan muchas justo cuando ven llegar el final.

Te invito a que descubras quién eres y cómo puedes poner límites para realmente ser tú quien corte con el mal amor. Este será un tiempo de renovación y liberación.

Según una fábula sobre las águilas americanas, llega un momento de su vida en el que sus plumas son viejas, sus garras y pico débiles y ya no pueden cazar. Entonces ellas deciden instintivamente si morir o continuar viviendo. Tienen solo dos opciones: renovarse o perecer.

El proceso de renovación puede durar unos cinco meses, durante los cuales el águila se exilia completamente sola en una cueva. Una vez dentro se somete a un sufrimiento físico para despojarse de todo y así tener una nueva oportunidad de vivir a plenitud, nuevamente fuerte para volar y cazar.

Con su pico ya viejo, empieza a sacarse las plumas; cuando estas son removidas, es el turno de las uñas, que se arranca con piedras una por una y por último su símbolo de poder, el pico, el cual desprende por completo. Sin nada más que su instinto de supervivencia queda indefensa y vulnerable, lo único que tiene en la mira es su propio deseo de vivir.

Cuando el proceso finaliza, el águila, transformada y fortalecida, sale de la cueva hacia nuevas oportunidades.

Con la ayuda de este libro podrás pasar de víctima a superviviente, iniciando desde el reconocimiento hasta descubrir tu verdadero potencial y empoderarte. Al igual que tu vida este libro podría ser una montaña rusa, pero al terminar sentirás la satisfacción de descubrir una mejor versión de ti y con las mejores armas para defenderte: el conocimiento, la esperanza y las ganas de vivir.

Capítulo 1
Hoy vuelvo a mí

Quien mira hacia fuera, sueña;
quien mira hacia dentro, despierta.
Carl Jung

Nadie sana sin derramar
ni una sola lágrima.
Anónimo

Todos tenemos la capacidad —que se desarrolla ante la adversidad— de convertir el sufrimiento en fuerza motora para seguir adelante. En términos más simples, de iniciar de nuevo. Sin embargo, dependerá de la voluntad individual de sanar. Déjate sorprender por lo que eres capaz de construir con algunos de tus pedazos rotos.

Tomar conciencia es un proceso doloroso, cargado de emociones que durante años hemos tratado de evadir y ocultar. Advertir que no has sido amado sanamente te puede llenar de impotencia, frustración y mucho dolor. Haberte ido moldeando o anulando para ser valioso, reconocido y amado, ha dejado en ti una secuela invisible, un alma rota y una apariencia de realización.

Ves como tu vida es una montaña rusa emocional de la que no has podido bajarte, aunque lo hayas intentado algunas veces, porque hay una fuerza poderosa que no te lo permite. Esa fuerza se llama miedo, miedo al dolor, a la separación. Prefieres un amor que duela, pues no sentir nada te asusta, porque temes convertirte en una mala persona, un ser cruel y egoísta.

Es innato en las personas buscar la proximidad de otras para sentirse seguras y amadas. El amor es uno de los sentimientos más fuertes que el ser humano puede experimentar, pero ¿qué sucede si ese amor viene imperfecto, lleno de vicios, contaminado?, ¿si experimentamos miedo a ser abandonados, rechazados o incomprendidos?

Cuando los demás nos desaprueban con críticas y juicios, llegamos a sentirnos humillados. Y si sentimos miedo a ser traicionados, a que no nos cumplan las promesas, a no ser protegidos, podemos convertimos en personas controladoras, con sensación de vacío y desconfiadas.

Cuando caemos en círculos de amor peligrosos, es tan desgastante y destructivo que acaba con nosotros como una enfermedad, pues nos va consumiendo poco a poco sin darnos cuenta, parece que duerme nuestros sentidos, nos ciega, nos ensordece y hasta dejamos de sentir.

El cerebro nos engaña para protegernos del dolor y asegurarse de que sobrevivamos, se activan otras zonas importantes de conservación humana, que nos alertan de que algo no está bien, que debemos preservarnos cueste lo que cueste.

Con este libro encontrarás que quienes no te supieron amar te han dejado huellas invisibles de dolor, secuelas de amores abusivos y manipuladores que pudieron haber sido practicados de manera imperceptible desde tu infancia. Y ahora cargas con ese legado en tu etapa adulta, afectando tu percepción de ti mismo, a tu amor propio y a las relaciones interpersonales que estableces.

Quiero hablarte de esas heridas que no están en tu cuerpo, pero sí en tu alma, manifestándose en tristeza, resentimiento y cansancio, y ayudar a quitarte el peso que sientes ahora. Será un proceso lleno de emociones, pero mi objetivo con este libro es que llegues a ser una persona que se ame genuinamente y que solo permita a su lado a quienes sí sepan amarla.

Una mañana te levantas cansado, aun cuando dormiste varias horas. Te miras al espejo y te consideras un extraño, no logras decidir qué quieres hacer ese día. Si te arreglas para ir al trabajo piensas en mil excusas para evadirlo; quizá te gusta lo que haces, pero sientes que no lo realizas del todo bien. Un día más en que no quisieras lidiar con nada.

Los proyectos en los que has puesto toda tu ilusión se quedan en deseos porque no encuentras el momento y la concentración para trabajar en ellos. Si hablas con un amigo no le cuentas tus emociones o por lo que estás pasando. Algo no encaja y te sientes molesto y confundido. Te autocriticas y juzgas tal como lo han hecho los demás. Las exigencias contigo mismo parecen ser inalcanzables. Nada es suficiente.

Para compensar esas ideas de inadecuación e insuficiencia, muchos se tornan excesivamente metódicos o estudiosos dado que tienen la sensación de no ser lo suficientemente buenos o inteligentes, sin darse cuenta de que probablemente han recibido mensajes como «tú no sabes», «estás loco», «eso no tiene sentido», «es una estupidez lo que dices».

Otros, por el contrario, se ponen tan pesimistas que no luchan por nada, tienen la firme creencia de que ninguna cosa les saldrá bien por mucho que se esfuercen. Han crecido con mensajes de no perseguir sus sueños debido a que estos fueron calificados por otros como inalcanzables. La crítica constante les ha llevado al punto de autosabotearse. Cualquiera que sea el caso, la secuela del abuso fue borrar su identidad y autonomía.

En ese punto miras de nuevo tu reflejo y te haces esa pregunta que llevas tanto tiempo posponiendo: «¿Soy realmente esta persona?». En respuesta llegan a tu mente cientos de recuerdos y vas sintiendo como ese abismo dentro de ti te consume poco a poco.

Te sientes como una carga. ¿Cómo puedes pensar así cuando tienes una pareja que te ama, con todas las supuestas bondades que eso conlleva? Piensas en tus padres y cómo fallaste a ese amor incondicional que viste de pequeña, piensas en tus amistades que te preguntan que si son la pareja perfecta, cómo puedes no sentirte bien.

Y así es como la intuición aparece, apoderándose de ti: empiezas a indagar y a cuestionar acciones, no solamente tuyas, sino también de las personas que están contigo. Justo ahí empieza el camino de salvación y sanación. Es momento de dar un paso al frente para conocer las causas, y poder salir de esas relaciones que no aportan nada a tu vida; al contrario, solo destruyen ese ser maravilloso que eres.

Vivir o sobrevivir

La herida más profunda es aquella que te haces tú mismo al permitir que te lastimen sin poner ninguna barrera para protegerte.

El abuso psicológico dejará en ti secuelas en todas las áreas: emocional, mental y hasta física. Hago esta referencia porque el proceso de recuperación es doloroso, asumir que tu familia, tu pareja y hasta tus amigos pudieran ser personas dañinas para ti, no es una realidad fácil de aceptar.

Solo recuerdas los momentos buenos y los aspectos positivos de las personas obviando los gritos, las palabras hirientes, las manipulaciones, las comparaciones. Te cuesta creer que sea tu madre, padre o tu pareja quien te mantiene en constante angustia, inestabilidad y vigilia.

Te ves desde afuera rogando por amor, haciendo y cumpliendo todo aquello que esperan de ti para que al fin te den una gota de valor. Esperas que te reconozcan, que se sientan orgullosos de tenerte cerca, y lo que recibes es más exigencia, más críticas y más soledad. A nadie parece importarle que tú también tengas necesidades y deseos que satisfacer.

Este amor imperfecto y contaminado está bajo el manejo de personas con actitud narcisista, las cuales afirmo que simplemente no saben amar y nunca lo aprenderán. Son como garrapatas energéticas que pueden chupar toda tu luz, tu brillo y tu seguridad. Se empeñan en mantenerte cerca, pero para que tú complazcas sus deseos, cubras sus necesidades y las ayudes a verse grandiosas. Y tú, un utensilio más.

También te digo, no te sientas mal, que estas personas son muy hábiles para ver tus dones, lo compasiva y buena persona que eres. Por eso te convertiste en la presa ideal. No tienes nada de qué culparte, el verdugo no eres tú. Si te han engañado, ¿cómo puedes ser tú el responsable? Una persona llegó a tu vida siendo una salvadora, tu alma gemela, y llenándote de halagos. Creerle no puede ser algo malo. La inocencia no es un defecto, confiar tampoco lo es.

El servicio y la complacencia, ser una figura de apoyo incondicional al otro, es una expresión real de amor. La responsabilidad recae sobre ti cuando te anulas y te marchitas solo para fertilizar la tierra de otro. Estoy segura de que en ocasiones habrás respondido al abuso con ira, gritos y maltratos —un minuto de oxígeno—. Total, no todo el tiempo quieres estar anestesiado.

Por lo general las personas pasan gran parte del tiempo haciéndose las sordas y ciegas ante las humillaciones. Unas se anestesian con mucho trabajo, para otras la comida es un recurso de calma y las hay quienes se evaden con el consumo de alcohol u otras sustancias.

Recuerdo que una vez en consulta con una paciente, le pedí colocarse en una posición incómoda, en la cual yo sabía le costaría respirar, y le coloqué peso para que se le dificultara aún más. La observé mientras le tomaba el tiempo, y al principió nada pasó, pero conforme transcurrían los minutos veía como cada vez le costaba más, pero no era capaz de decirme nada. Simplemente se mantenía callada, esperando.

Luego de cinco minutos le quité el peso indicándole que volviera a una posición más cómoda. Mi primera pregunta fue: «¿Cómo te sientes?». Ella respondió: «Cansada, menos mal que ya pasó el tiempo, al final casi no podía». Le pregunté de nuevo: «Pero ¿qué te hizo aguantar tanto en una posición en la que apenas podías respirar?». Su respuesta fue: «No sé, solo hice lo que me dijiste».

Tomé esta anécdota para mostrarte que cuando pasas mucho tiempo aguantando no te das cuenta de que hay otras opciones, que expresarte y poner límites es posible y parar el abuso está en tus manos. El miedo paraliza, y la persona que abusa de ti lo sabe. Además utiliza estrategias para silenciarte y aislarte de familiares y amigos con el único objeto de mantenerte bajo su control.

Puede que se te haga difícil darte cuenta y te confundas porque te convenza de que solo busca tu bienestar y que te ama tanto que no quiere que te preocupes. Y tú estás seguro de que te quiere aunque, paradójicamente, no te acompañe en momentos importantes, te compare con otros y te haga comentarios hirientes.

Se trata de un lazo que no puede romperse fácilmente. Recuerda, en muchos casos estamos hablando de pareja y familia, así que existen vínculos complejos de afecto y sentimientos poderosos.

El **vínculo traumático** nos mantiene en estado de alerta, confusión y menosprecio, siempre poniendo a prueba nuestra valía.

Este tipo de vínculo se da en varios tipos de relaciones, las dos más comunes son las de familia y de pareja. En el caso de las familias se hace complicado porque la persona que sufre el abuso durante muchos años no conoce otra forma de relación y va normalizando todo lo que pasa en su entorno. Esto puede traer como consecuencia que en un futuro la persona afectada caiga en relaciones tóxicas y abusivas.

A continuación, te contaré cómo tu mente va adornando algunos eventos para protegerte del dolor, utilizando mecanismos de defensa y justificando las acciones de la persona que amas. Consta de tres trampas que utilizas para no ver la realidad.

La proyección: «Él tiene muy mal carácter pero en el fondo es una buena persona». «Ella pasó por mucho en su infancia, pero con mi amor va estar bien». Esto ocurre cuando tú como víctima crees que el abusador tiene bondad dentro de sí. Entonces tomas la decisión de someterte aún más a los maltratos, es decir, te doblegas más de lo normal porque piensas que de esa forma el abusador sacará a relucir su lado bondadoso y positivo, aunque en el fondo quien toma esta ruta sabe que eso no sucederá.

La compartimentación: «No está en casa mucho tiempo, pero no nos falta nada». «Me complace comprándome todo lo necesario, yo sé que él trata de compensar su falta». Cuando te enfocas en el lado positivo de la relación, vas minimizando y ocultando todo lo negativo que ocurre. De esa forma intentas normalizar la situación y lidiar con ella.

El negar todo: «Si está molesto tiene que hablarme gritando, es normal». «Grita, pero no es conmigo». «No recuerdo lo que sucedió ese día». Cierras los ojos ante todo lo que pasa, tomas como normal cualquier cosa que haga la otra persona.

Poco a poco te vas acostumbrado a aguantar y callar, quizá porque pienses que tu vida pudiera volverse dura o que las pérdidas serían tantas que no podrías afrontarlo.

El maltrato psicológico tiene consecuencias emocionales y mentales, pero también trae consigo daños físicos que no puedes ver.

Tu cuerpo no tiene marcas pero tu cerebro tiene cicatrices

Si bien se puede pensar que los perjuicios causados por el abuso son reparables mediante terapia —y alejándose de quien los infiere—, existen daños que no son tan visibles y afectan nuestra forma de percibir la realidad desde nuestra fisiología.

El cerebro humano es como una supercomputadora que comanda todo nuestro ser, y cuando recibimos constantes maltratos se van produciendo cortocircuitos que alteran lentamente su forma física, principalmente en dos zonas: el hipocampo y la amígdala.

El hipocampo es la región encargada de la memoria y del aprendizaje, mientras que la amígdala es la responsable de la formación de pensamientos negativos y de emociones como la culpa, la vergüenza, el miedo y la envidia.

Estudios realizados en personas que sufrieron abusos muestran una contracción en el hipocampo e inflamación de la amígdala. Esto, en hechos concretos, indica un incremento en la producción de cortisol —hormona del estrés—, lo que ocasiona un estado de fatiga constante; además puede provocar pensamientos suicidas recurrentes, ataques de pánico o pesadillas.

Las personas que sufren esta deformación pueden vivir su vida en pánico y estar constantemente con sensación de amenaza y miedo. Por otro lado, puede que no sepan responder ante estímulos que podrían percibirse como normales.

Secuelas que ha dejado en ti el abuso psicológico

A continuación, te presento una serie de preguntas que puedes hacerte para identificar si estás o has estado vinculado afectivamente a una persona que no sabe amar y ha dejado una huella perjudicial en ti.

Te invito a marcar las situaciones con las que te sientas identificado. Si es posible anótalas, esto permitirá la toma de conciencia. Sé sincero contigo mismo y márcalas si estás teniendo una experiencia similar en la actualidad o la tuviste en el pasado, no importa si se dio solo una sola o se da con frecuencia. También te propongo discriminar si estas circunstancias las has vivido en relaciones de pareja o en el ámbito familiar.

Cuestionario

1. Cuando le comentas sobre tus problemas, ¿desvía la conversación para hablar de sí mismo?
2. Cuando hablas de tus sentimientos, ¿trata de superarlos con los suyos?
3. ¿Se muestra celoso/a de ti?
4. ¿Carece de empatía hacia tus sentimientos?
5. ¿Te apoya solo cuando tus acciones hacen que él/ella parezca una buena persona?
6. ¿Has sentido constantemente falta de intimidad emocional?
7. ¿Has puesto en duda que le gustes o que te quiera?
8. ¿Hace cosas por ti solo cuando otros lo pueden ver?
9. Cuando te ocurre algo (accidente, enfermedad), ¿reacciona por cómo le afectará, en lugar de por cómo te sientes tú?
10. ¿Es excesivamente consciente de lo que piensan los demás? (vecinos, amigos, familia, compañeros de trabajo)
11. ¿Niega sus propios sentimientos?
12. ¿Te culpa a ti o culpa a otros, en lugar de reconocer su responsabilidad, por sus propios sentimientos o actos?
13. ¿Se siente herido/a fácilmente y carga con un agravio mucho tiempo sin resolver el problema?
14. ¿Sientes que has sido su esclavo/a?
15. ¿Te hace sentir responsable de sus dolencias o enfermedades?
16. ¿Tuviste que hacerte cargo de sus necesidades?

17. ¿Sientes que no te acepta?
18. ¿Sientes que te critica por todo?
19. ¿Te sientes impotente en su presencia?
20. ¿Te avergüenza con frecuencia?
21. ¿Sientes que sabe quién eres realmente?
22. ¿Actúa como si el mundo debiera girar en torno a él/ella?
23. ¿Te resulta difícil ser una persona independiente (en lo económico o en lo emocional)?
24. ¿Quiere controlar tus decisiones?
25. ¿Oscila de un humor egotista a otro deprimido?
26. ¿Te parece que es un/a farsante?
27. ¿Sientes que tienes que ocuparte de sus necesidades emocionales?
28. ¿Te sientes manipulado/a?
29. ¿Te sientes valorado/a en virtud de lo que haces y no de quién eres?
30. ¿Es controlador/a, actuando como víctima o mártir?
31. ¿Hace que actúes de una manera diferente de lo que sientes en realidad?
32. ¿Pareciera que a veces compite contigo?
33. ¿Siempre tiene que hacer que todo sea como él/ella quiere?

Basado en el cuestionario de Karyl Mcbride. Mientras más afirmaciones se asemejen a estos indicadores mayores rasgos narcisistas posee esa persona.

¿Te sorprende descubrir algunas similitudes entre las afirmaciones y lo que has vivido? No te diste cuenta antes porque existen múltiples razones que impiden a una persona salir de una relación con abuso, sea narcisista o no. Después de mis años en consulta he visto varios factores.

Muchas veces ciertas conductas abusivas son consideradas socialmente como normales, lo que hace complicado expresar lo que se está sufriendo. Como te dije antes, dentro de una relación abusiva no siempre se está mal. Usualmente, después de un incidente viene la etapa de reconciliación donde el abusador se mostrará de nuevo encantador —o encantadora—, y esto sumado a la baja autoestima del maltratado hace que se generen círculos viciosos y tóxicos.

Con frecuencia se siente miedo a dejar la relación por la reacción que el otro pueda tener, y una muy común es el hacer luz de gas, esto significa que el chantajista emocional siempre te hará culpable, tanto en el ámbito privado como en el público. Esto porque para el abusador la apariencia es muy importante y necesita por patología quedar bien ante el público, sin importarle los sentimientos o padecimientos del otro.

Por otra parte, también puede causar profundo temor tener que volver a empezar desde cero en lo económico y lo social, llegando a sentir como si se hubiera perdido el tiempo.

La mayoría de las veces, cuando una persona llega al consultorio es por algún problema de pareja o después de una crisis. En muchas ocasiones asisten ambos miembros de la relación, pero siempre queda uno solo, normalmente la víctima del abuso emocional, pues es quien con frecuencia piensa que debe cambiar y siente remordimiento, aunque no haya hecho nada para causar un gran problema.

Las personas narcisistas o con rasgos muy marcados de este trastorno, se creen perfectas y que no tienen necesidad de acudir a terapia. Pueden ir una o dos veces antes de abandonar con excusas cada vez menos creíbles.

La persona que queda usualmente se echa la culpa: «Es mi familia, que no nos da espacio», «es mi trabajo, que a él no le gusta», «es que he engordado en este tiempo». La responsabilidad jamás es del maltratador y si así fuera, hay que entenderlo porque crea excusas o tergiversa la realidad para ser comprendido y aceptado. Lo hace tan hábilmente que crea una escena perfectamente creíble para cualquier inexperto.

Muchas veces el abusado no sabe que lo está siendo y que muchas de esas vejaciones vienen de tiempos anteriores, desde la familia. Es común ver en el consultorio cómo las pacientes, al hacerse conscientes de todas esas situaciones vividas, en algunos casos quieren alejarse, en otros solo se resignan y en otros buscan venganza.

Pero lo que sobreviene al obtener la venganza es la **culpa**, esa sensación que diferencia a un psicópata encubierto de una persona emocionalmente sana. Los psicópatas no son capaces de sentir empatía ni remordimiento y por lo tanto no se consideran culpables de sus acciones.

Te espero en el capítulo siguiente, donde desvelarás cómo te volviste presa fácil para este tipo de relaciones. También podrás descubrir qué técnicas han sido utilizadas para manipularte y enredarte lanzándote a una espiral emocional que parece sin salida.

Notas reflexivas

Te invito a que escribas en las líneas que verás a continuación, las ideas, reflexiones o sensaciones que van emergiendo en ti. Esto te permitirá poner orden y claridad a tus pensamientos y emociones.

¿De qué te has dado cuenta con la lectura de este capítulo? ¿Cómo podrías convertirlo en un elemento positivo de crecimiento y en defensa de tu felicidad? Colócale nombre a las emociones que emergen de ti.

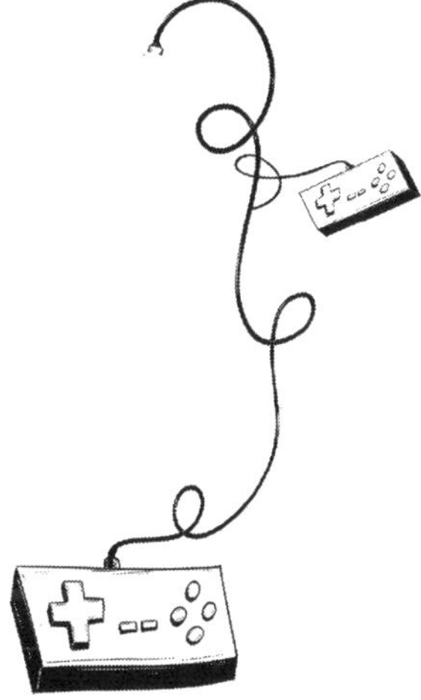

Capítulo 2
El control vestido de amor

Hasta que lo inconsciente no se haga consciente, el subconsciente seguirá dirigiendo tu vida, y tú le llamarás destino.

Carl Jung

En ocasiones llegan a nosotros mensajes que van más allá de la razón, no sabemos con exactitud de dónde, pero escuchamos un susurro que nos dice que algo no está bien. Algunos lo llaman voz interior; otros, intuición. Muchos dicen que es la voz de Dios y otros una energía. Lo cierto del caso es que nos surge la inquietud de saber más, de conocer las razones, las causas, descartando el reproche, de manera reflexiva, para organizar y dar sentido a nuestra vida.

Es un instinto vital desear más, querer ser feliz y estar en paz. Al surgir la necesidad de poner coherencia entre tu yo real y tu yo ideal, entonces el instinto, la intuición y tu caos actual se mezclan de manera perfecta para dar paso hacia la transformación deseada.

Estos momentos de conversión con frecuencia resultan de vivir una experiencia inquietante, emociones de suma angustia, bajo el escenario de amor de pareja. Pero quiero mostrarte cómo hay aspectos que vienen desde tu infancia y se hacen presentes en tus relaciones de pareja.

No quiero decir con esto que todo lo negativo venga de ti; por el contrario, seguramente te han causado mucho daño y sufrimiento. Mi intención es mostrarte la razón por la que llegaste a esa relación. Te servirá en muchos aspectos, desde salir de ese vínculo donde no te han sabido amar y evitar la repetición del mismo patrón, hasta desarrollar el amor propio para finalmente encontrar la pareja ideal.

La transformación te llevará a sentir placer, bienestar y paz con quien eres y con la vida que elegiste. En este capítulo encontraras aspectos que pueden estar presentes desde lo más reciente hasta sus orígenes en tu crianza, los mensajes que recibiste y que formaron tu yo actual. Igualmente te mostraré algunas características de las personas abusivas con las que te has relacionado y son la causa de tu búsqueda personal.

Antes de comenzar a develar cuáles pueden ser las razones o teorías que explican tu relación con el mundo y tu concepto del amor, quisiera leas detenidamente si algunas de las siguientes afirmaciones han hecho presencia en ti y en tu experiencia de vida en pareja. Sin embargo, no hace excepciones si ves que el perfil se asemeja a tu familia, puede ser tu madre, padre, hermano y hasta amigos cercanos.

Si una persona no ha sabido amarte puedes haber vivido alguna de estas situaciones:

1. No está a tu lado en momentos difíciles, de crisis u otros. Ejemplo: si tú —o un familiar cercano— estás atravesando una enfermedad, esa persona elegirá operarse de algo estético o banal. O en tu cumpleaños prefiere asistir al compromiso de un amigo.
2. No asume ninguna responsabilidad respecto la vida de pareja —gastos, limpieza, consumos, facturas—. Ejemplo: la responsabilidad de que la relación no funcione siempre será tuya, no haces o expresas lo suficiente según el criterio del abusador emocional. Sientes que no aporta lo necesario y tú cubres las necesidades en la casa; percibes que si no estás pendiente de los pagos del hogar, nadie cumplirá. No parece escucharte si tú necesitas algo en particular, tienes que resolver cómo cubrir tus gastos. Si maneja las finanzas tu opinión no será tomada en cuenta. Decidirá todo dado que tiene el control del dinero.
3. Piensa que quien se preocupa por el otro es alguien débil o dependiente, blando, o despreciable. Ejemplo: si tu atención va dirigida hacia otra persona, hace comentarios sobre tu indulgencia, comenta cómo te manipulan y lo tonto que puedes ser, te dice que te utilizan.
4. Simula y llora lágrimas de cocodrilo sin presentar emociones genuinas. Ejemplo: pueden hacer un total drama para salirse con la suya y menospreciar tu necesidad de expresión, terminaras siendo tú el malo.

5. No se preocupa por cosas que te atañen, como fechas de aniversario, cumpleaños, etc. Ejemplo: esos días son los que más trabajo tiene, se le olvidan o no les pone interés.
6. No te obsequia o corresponde con reciprocidad a lo que tú haces por él/ella. Sientes que tú das mucho más por tu pareja y a cambio recibes muy poca atención o expresiones de afecto.
7. Tiene extraños e inquietantes comportamientos. Ejemplo: en ocasiones desaparece, otras veces parece ocultar algo. Miente incluso en aspectos sin importancia. Estas conductas te inquietan y te inducen a investigar, confrontar y preguntar.
8. Desaparece, se marcha, se va, te evita, no quiere estar contigo en variadas formas y con distintos pretextos. Ejemplo: van a una fiesta juntos, se sientan en la mesa y desaparece dejándote sola.
9. Tiene un historial de relaciones anteriores a las que ha dejado tiradas, abandonadas, destruidas o asoladas emocionalmente, de un modo repentino y cruel. Usualmente no te enteras —hasta tiempo después— que la historia es diferente a la que te contó.
10. Nunca se siente culpable por nada, ni responsable por nadie. Jamás te pedirá perdón o disculpas sinceras. Si lo hace puede ser en tono irónico y sarcástico, haciéndote quedar como dramático.

11. Se alinea con otros en tu contra, te menosprecia o habla mal de ti a tus espaldas. Ejemplo: hace comentarios de lo incapaz que eres de hacer las cosas, llama a tus familiares para comentar tus dificultades o incapacidades.
12. Intenta envenenar a otros contra ti cuando eso le conviene. Ejemplo: te desacredita buscando contaminar la percepción positiva que otros puedan tener de ti.
13. Utiliza el sexo como herramienta de control en la relación. Ejemplo: te seduce para contentarte, para acallar tus quejas.
14. Rompe continuamente sus promesas, pactos o acuerdos y no es fiable en la palabra dada ni en sus compromisos contigo. Inventa mil excusas para evadir responsabilidades.
15. No respeta tus espacios, tu intimidad, tus pertenencias personales. Te interrumpe cuando estás concentrada, en un momento con amigos o terminando un trabajo.
16. Se agobia o molesta cuando le pides el menor favor. Recibes frases despectivas, gritos y malos tratos.
17. Te aparta de su familia. Si no están casados, te presentará como amigo o amiga ante sus parientes y allegados.
18. Tiene una legión de exparejas a las que se refiere como locos, pirados, narcisistas, psicópatas, *borderlines*, bipolares, con algún problema emocional, etc.
19. No cuenta nada de su pasado.

20. Corta la comunicación contigo durante horas sin dar explicaciones o razones para ello.
21. Te echa en cara o reprocha tu amor por él/ella. Nunca será suficiente lo que tú le ofreces.
22. Te engaña o traiciona recurrentemente sin hacerse ningún problema moral.
23. No parece tener amigos cercanos de los que pueda hablar.
24. Le gusta presumir de su capacidad para leer gestos, dominar la comunicación no verbal, la mirada y de manipular a la gente gracias a todo ello.
25. Invade tus límites personales sin respetarlos a pesar de tus protestas.
26. Nunca está disponible ni tiene tiempo para ti en cumpleaños, Navidades y celebraciones importantes.
27. Tiene periodos de desaparición extraños de los que no da cuentas de nada y se enfada si le preguntas.
28. Tiende a crear el caos desde el momento en que le aburre la rutina y la vida cotidiana.
29. Crea dolorosas situaciones de ansiedad recurrente.
30. Nunca te apoya en lo que haces, y parece menospreciar todos tus puntos de vista por sistema.
31. Te bombardea de amor al principio para pasar después a menospreciarte, triangular con otros y traicionarte.
32. Tiene fascinación por el romanticismo, el fetichismo sexual o la pornografía.
33. Nunca juega en equipo como compañero leal a tu lado y siempre tiene su agenda encubierta con fines egoístas e intereses particulares.
34. No reconoce ni valora tus virtudes y talentos.

35. Te envidia y por ello te desprecia, denigra y maltrata.
36. Le molestan especialmente tus mejores cualidades morales, que sabe nunca podrá alcanzar.
37. Vive parasitariamente de ti, aprovechándose de tu trabajo, tus esfuerzos, tu dinero, tu apoyo social o profesional. No solo no lo agradece, sino que te desprecia por ello. Siente que todo eso se le debe porque sí, y no siente ninguna gratitud o reconocimiento a lo que haces por él o ella.

Este catálogo de horrores fue descrito por Iñaki Piñuel en 2016, utiliza esta prueba para evaluar la intensidad de tu relación.

Suma 1 punto por cada conducta que se aplique a tu caso.

Entre 1 y 10: Intensidad moderada. Algunas secuelas psicológicas son esperables en forma de ansiedad, depresión y somatización.

Entre 11 y 20: Intensidad severa. Problemas de daños postraumáticos a tratar mediante psicoterapia.

Más de 31: Caso grave de exposición a una relación hipertóxica. Altísima probabilidad de daños postraumáticos muy severos a tratar mediante psicoterapia.

Después de conocer tus resultados, quiero que escribas en un papel cómo te sientes. Puedes usar frases, palabras o hasta dibujos, algo que te ayude a expresar lo que sientes en este momento.

Si luego de hacer el test te sientes extraño, es normal, tu cerebro está empezando a entender cosas que antes no. Estás comenzando a ver esas grietas que creías pequeñas, pero que ahora te estás dando cuenta de que son gigantes, porque estás con alguien que no sabe amar. Al final de este capítulo podrás encontrar un apartado donde puedes ir escribiendo todos tus sentimientos.

No te sorprendas, pero quiero informarte que esta persona nunca te va a amar, porque no sabe cómo hacerlo. Lamento quitarte la esperanza, pero nunca va a cambiar. La persona que amas es un psicópata encubierto porque puede socializar, tiene una vida normal, de hecho para la sociedad es alguien perfectamente funcional, muchas veces encantador y con una imagen impecable. Este tipo de personas pueden ser buenas en su ocupación, con talentos y creen ser merecedoras de todo respeto y trato especial.

Posiblemente cuando leíste la palabra psicópata, pensaste en algún criminal o villano; esto no siempre es así, existen muchos que están libres y haciendo daño constantemente. Ambos tipos —tanto los criminales, como los socialmente aceptados— tienen muchas cosas en común: poseen egocentrismo, grandiosidad y endiosamiento por ellos mismos. Y lo más importante, no sienten empatía ni remordimiento.

Estos narcisistas, como todo psicópata, no tienen compasión por la otra persona, pueden fingir quererla, pero solo usan a los que están a su alrededor. No saben amar, no les interesa, son fríos y calculadores, saben pasar desapercibidos y ser sumamente encantadores. En realidad, lo que buscan es capturar a su víctima, juegan sin miedo, sin ansiedad, no sienten culpa por lo que hacen y además son muy impulsivos. Son verdaderas máquinas emocionales.

Pero ¿cómo es posible que existan tantos y que no se denuncie? Al contrario de lo que el común de la gente pueda pensar, estas personas no han «matado» a nadie, o no de manera física. Si te topas o te has topado con alguien así, irá desgastando lentamente tus capacidades psíquicas, emocionales e intelectuales, de esa forma va generándote un trauma silencioso, que se encarga de ir encubriendo con episodios románticos. La dinámica del psicópata es la seducción, la compra y, posteriormente, la anulación del otro.

Tomar conciencia de que estuviste inmerso en una relación abusiva, o lo estás hoy en día, es el primer paso. Reconocerte como alguien maltratado, no te hace más débil, ni hace que pierdas valor como persona. Por el contrario, el reconocimiento es ese primer escalón que te llevará a salir de todo lo que estás viviendo.

Va a ser fuerte, va a doler, no es fácil, pero es necesario para que puedas vivir una vida plena lejos del abuso. Recuerda siempre que solemos ver la vida desde nuestro punto de vista, que todas las personas son buenas y buscan amor. Pero estos psicópatas no son así, ellos saben lo que hacen y no les importa.

¿Cómo me convertí en la presa ideal?

Reconocer que estás siendo víctima de maltrato emocional puede resultar confuso y hasta difícil debido a que aplican sobre ti estrategias sutiles y constantes. Suelen ser fases cíclicas de «amor» y desvalorización, lo que facilita que te mantengas en la relación sin darte cuenta.

Por otra parte, en el caso de haber sido mal amado desde tu familia de origen se complica aún más asumirlo, puesto que es el modelo de amor que conoces, piensas que es lo normal, y aunque perturbador e incómodo, para ti es lo habitual.

Te han enseñado que el amor que recibas será condicionado y otorgado solo cuando «te lo ganes». El afecto o la atención será un premio que obtendrás si reúnes los méritos para ello. Esta realidad ha moldeado tu forma de amar y de ver el mundo. Eres más sensible a las necesidades y sentimientos de los demás, puedes notar fácilmente sus deseos y tienes una vocación de ayudar, cuidar y proteger al ser que amas.

Estas cualidades y aspectos positivos que son parte de ti se convierten en «deseo» de personas tóxicas malvadas que nunca aprendieron amar a nadie. Acabar con tu brillo, tu bondad, tu energía y tu seguridad, es su suplemento. Cada vez que te descontrolas o dudas, ellos se sienten vencedores, poderosos y grandiosos, mientras que seguramente tú te sentirás confuso, solitario y pisoteado.

Te buscaron a ti, no por ser el más tonto o el más manipulable, sino por ser una persona bondadosa, talentosa, con valores, y siempre dispuesta a olvidar y a perdonar. Porque no sería fácil que alguien como tú, con tantas cualidades humanas, los dejara solos. Pudiera ser que te molestaras, ignoraras y evadieras, pero no los abandonarías fríamente.

Ya diste el primer paso, eres capaz de admitir que algo anda mal, puedes ver que te han dañado, te han hecho invisible y solitario, pero no deseas seguir así. Eres valiente, has sido capaz de buscar e indagar queriendo recuperarte. Quizá momentáneamente te sientas perdido, pero ya tienes la brújula y estás abriendo el mapa.

Los seres humanos somos una combinación de factores genéticos, personalidad y experiencias vividas desde el nacimiento, siendo este último el único que podemos modificar. Si bien ya no podemos cambiar los mensajes recibidos, los eventos o las vicisitudes del pasado, sí podemos traerlos al presente y corregirlos. No es sencillo, pero es posible.

Para Torres García (2014), ciertas características de la personalidad pueden facilitar que la violencia continúe a lo largo de los años. Habituarse a ella anula e incapacita, agravando la situación y haciendo cada vez más difícil salir de ese círculo de violencia.

Entre los rasgos de personalidad podemos señalar la presencia de baja autoestima, déficit de habilidades sociales y de asertividad, escasa capacidad de iniciativa, incapacidad para tomar decisiones, inseguridad, etc. Sin embargo, no existe un único perfil del efecto que tiene el maltrato en la victima.

Las reacciones ante la violencia y los abusos son muy variadas, incluyen respuestas emocionales (temor, enojo, tristeza), cambios en el sistema de creencias, actitudes hacia sí mismo o hacia los demás, (sentimientos de culpa, desconfianza, creencias de que el mundo no es seguro) y la sintomatología psicológica asociada (depresión, flashbacks, ansiedad, problemas de sueño, abuso de sustancias, etc.).

Las respuestas a la situación de maltrato van a depender de una serie de variables que incluyen las características de la violencia, perfil de la víctima, contexto en el que se produce, además de factores culturales, educativos, raciales y sociales, entre otros.

Como ya he señalado, el cerebro juega un papel importante ya que está a cargo de regular, mantener y proteger todas las funciones del organismo, además de ser el órgano donde residen la mente y la conciencia del individuo.

Su objetivo es que sobrevivas. Por esa razón los recuerdos negativos parecen desaparecer cuando tienes la intención de salir de una relación de maltrato. Entonces recuerdas muchos aspectos positivos y lo justificas diciendo: «Bueno, no es tan malo», «al menos es buen padre», «está pendiente de la casa y de la familia». Pareces sufrir de una amnesia perversa.

Asimismo, tu cerebro necesita mantenerte a salvo y para ello en tu vida cotidiana solo trae recuerdos cargados de emociones positivas y placenteras. En este punto, ya no solo es tu experiencia de amor en la infancia sino también tu cerebro cumpliendo su tarea, por esto continúas permitiéndolo todo.

Por otro lado, el cerebro humano le da prioridad a las primeras impresiones, y los narcisistas son expertos en ellas. Pensarás: «Nunca he conocido a alguien así"», «tenemos tantas cosas en común», «compartimos las mismas inseguridades», «es un caballero/toda una dama», «es familiar y cariñosa».

El cerebro va muy rápido y toma las características que son similares a nosotros, nos gustan y sincronizamos de manera no consciente. Los abusadores son maestros en estudiarte y simular, son camaleónicos, unos artistas en envolverte. Son capaces de mimetizarse con la persona que tienen delante para seducir, encantar, enganchar o controlar. Rápidamente se convierte en tu alma gemela o en lo más parecido a lo que tú estabas buscando.

Luego pasará a la acción, consiguiendo con poco esfuerzo crear contigo una relación personal cercana e íntima que le servirá para realizar desde ahí su estrategia de parasitismo y manipularte como marioneta. Será tu pulga energética a partir de entonces. Ahora que está más cerca de ti va a detectar cuáles son tus valores, creencias, actitudes y lo más importante, tus puntos débiles, traumas, dolores y miedos, que luego serán sus recursos para destruirte.

Cuando estamos enamorados se desprenden grandes cantidades de feniletilamina, al inundarse el cerebro de esta sustancia responde mediante la dopamina, norepinefrina y oxitocina. Estos neurotransmisores dan lugar a los arrebatos de sentimientos y te colocan en un estado altamente sugestionable.

Los mensajes que recibas en tales circunstancias quedarán grabados en tu mente, y en la fase de ruptura o abandono surgirán dolorosamente como recuerdos positivos. Todo esto también es un factor de protección para mantener tu sistema de apegos intacto. De ahí que no sea fácil olvidar a la persona que tanto daño te ha hecho.

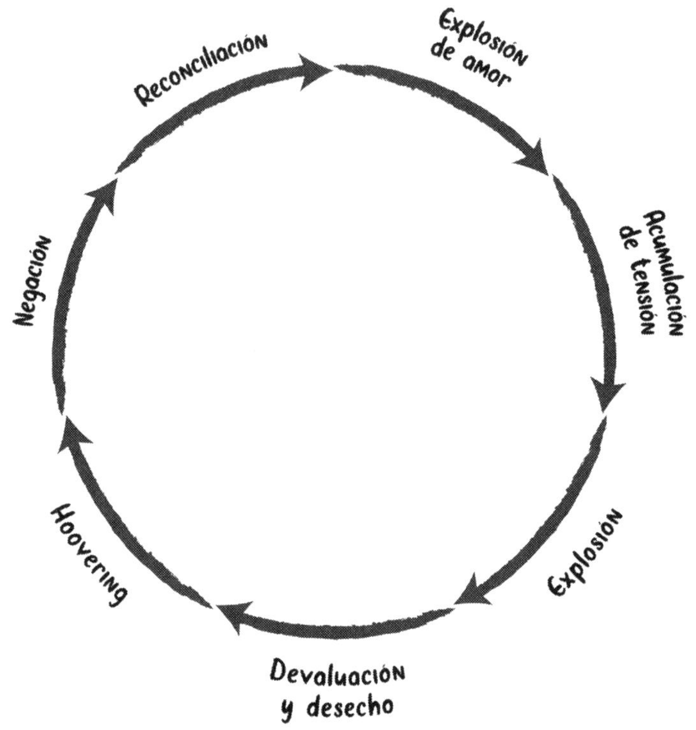

Fases de un amor imperfecto

Muchas personas no entenderán cómo pudiste llegar a estar dentro de un círculo de violencia psicológica sin darte cuenta, incluso en muchos casos ni las personas cercanas saben por lo que puedes estar pasando. Una vez que ya estas destruido, solitario, abandonado o pisoteado es que te das cuenta de que algo no está bien en la forma en que amaste y te amaron.

Haré referencia a la fábula de la rana hervida de Oliver Clerc. Si desde el inicio nos dijeran que vamos a sufrir o que nos violentarán de forma obvia y desmedida, seguramente saldríamos corriendo. Nadie quiere sentir dolor o ser subyugado.

Este es el caso de la rana: si se la coloca en una cacerola de agua hirviendo, saltará para escapar. Pero si el recipiente se pone al fuego lleno de agua fría, la rana poco a poco ajusta su temperatura corporal a la del agua manteniéndose en una cierta comodidad que le impedirá darse cuenta de que el líquido está calentándose y que si no salta a tiempo acabará muriendo.

Cuando el agua está a punto de hervir, la rana no puede aumentar más su temperatura e intenta salir, pero como ha gastado todas sus energías adaptándose, ya no le quedan fuerzas suficientes. Por desgracia un experimento real demostró que si el agua se calienta a 1,2 grados cada hora, la rana permanece dentro del agua y muere, poniendo de manifiesto los peligros de la sobreadaptación, el conformismo y la falta de contacto interno.

Estas fases suelen ser cíclicas, secuenciales y paulatinas, lo que hace más probable que te mantengas allí. Es un amor que unas veces parece ser perfecto y otras te puede llegar a confundir o causar sufrimiento. Está presente el maltrato tan sutil como ignorarte o ser indiferente ante tu presencia, y la salida de la relación será sumamente dolorosa, pues elegirá la manera más cruel e inesperada.

El abuso no se presenta de golpe o directamente, va produciéndose de manera paulatina, como el fuego que va subiendo de intensidad con el paso del tiempo, y cuando te das cuenta ya estás quemado.

Todo empieza con la **explosión de amor desmedido;** en esta primera etapa el abusador es la persona perfecta, ese príncipe o princesa que siempre habías soñado te iba a adular siempre. Será tu salvador o salvadora emocional, sentirás que te entiende, te escucha y comprende. Te apoya y acompaña en tus quejas familiares. Te halaga, ve en ti valores y talentos, parece admirarte, y en este momento sientes que es tu alma gemela, pues vino a entregarte el amor que siempre anhelaste.

Te ofrece un amor seguro y sin condiciones. Para esto puede que el manipulador mimetice todas tus virtudes y te las muestre como propias, pues al final nos atraen los aspectos positivos que se parecen a nosotros, y él lo sabe tan bien que puede adoptarlos para que tú te enganches.

Así, por ejemplo, si tienes problemas familiares con tu padre, la persona manipuladora te comentará que tiene situaciones difíciles con su madre y por eso puede entender lo que estás pasando. Juntos escaparán de tanto drama y harán una vida feliz.

Está pendiente de ti con mensajes y llamadas. Te envía notas de amor por todos los medios y se encarga de hacerte llegar detalles con tus amigos y familia. Hace hincapié en su deseo de estar juntos, te presiona para que se muden juntos, te muestra fotos e imágenes de cómo será tu nuevo hogar y parece tomar en cuenta todas tus opiniones. Te envuelve con todo lo que alguna vez soñaste.

En ocasiones se hace presente la fase de **acumulación de tensión** donde notarás repentinos cambios en su estado de ánimo, pequeños incidentes de malos tratos como empujones, gritos o cortes en la comunicación, etc. En consecuencia, se hace frecuente que tú, intentando que se calme tu pareja, adoptes una postura de sumisión o de ignorar el comportamiento que está teniendo, y mientras tanto se va acumulando cada vez más hostilidad.

En esta fase puedes llegar a minimizar lo que está ocurriendo y en numerosas ocasiones a justificar el hecho de decirte cosas hirientes, lanzar objetos o golpear paredes, con que se deben a factores externos y no intrínsecos de la persona. Por ende, piensas que si desaparecen esos factores ya no ocurrirán más episodios violentos.

Pero mientras más los evadas, estos incidentes se volverán más fuertes y descontrolados, llevando a momentos desagradables y peligrosos. Con frecuencia el abusador hará triangulaciones, cortejos cibernéticos o coqueteos con otras personas causando en ti una gran angustia e inseguridad con respecto a la relación.

En el caso de que sea con un familiar, los problemas pueden venir a causa de tu nueva relación, pues tú deseas libertad de irte de la casa y tu familia puede ver eso como ingratitud o inmoralidad y te lo harán saber con comentarios, comparaciones y prohibiciones, y sin importar la edad que tengas te sentirás como un adolescente.

Pasando la tensión vivirás la fase de **explosión,** donde la tensión que se ha venido acumulando en la fase anterior llega a tal nivel que tiene que descargarse de alguna forma; estos son los momentos en que serás el receptor de toda la ira. Las manipulaciones, vejaciones, humillaciones, críticas y juicios serán desmedidos.

La amenaza y la intimidación se harán presentes. La triangulación o indicios de infidelidad con otras personas te causaran duda, incertidumbre y angustia. El manipulador seguramente aceptará que ha sido exagerado en su reacción, pero justificará cada acción negativa. Las excusas que utilice te pondrán a pensar y terminarás siendo el culpable y hasta tomando acciones para cambiar.

Esta fase culmina con la **devaluación y desecho** de tu persona; ya no eres merecedor de amor ni respeto. Te has convertido en todo lo malo, tus virtudes ahora son percibidas por el manipulador como sin importancia y hasta te hacen débil, manejable y tonto. Suele compararte para que veas lo mal que haces todo, lo poca cosa que eres y que mereces ser cambiado por otro.

Una vez que has aceptado el hecho que ese vínculo no es saludable, y el abusador percibe que te has distanciado y que ya estás a punto de abandonar, viene la fase de **aspirarte de regreso o *hoovering,*** cuyo objetivo es manipularte nuevamente a través del chantaje emocional.

De repente «se ha dado cuenta que ha estado mal», te invita a comer, te dice que harán un viaje para conectarse de nuevo, actúa como si te escuchara y hasta puede decirte que va a mejorar, que la familia es lo primero por lo que luchar. Si te has ido ya de la casa, te enviará recados con amigos, te mandará mensajes para saber si estás bien, o en casos ya extremos se inventará una enfermedad y hasta un pensamiento suicida.

Con todo este escenario de manipulaciones y chantajes decides regresar y negar todo evento desafortunado. Te envuelve la ilusión de que se pueda rescatar el vínculo, la esperanza que la persona que amas se haya dado cuenta de que ha estado a punto de perderte y eso la haga cambiar. Has decidido perdonar y estarás en la fase de **negación** y olvido, dando paso a la **reconciliación o luna de miel.**

Hace la promesa de que aquello no volverá a ocurrir nunca más. Incluso se vuelve amable y cariñoso. «Esa situación no va a volver a repetirse», piensa que él/ella va a poder cambiar a su pareja con su amor y si se comporta de la manera que el otro espera.

La duración de esta fase es variable, pero lo habitual es que sea mucho más corta en el tiempo que la primera fase y más larga que la de explosión. Después de esta fase **vuelve a repetirse el ciclo** en futuros episodios que cada vez son más frecuentes y más cercanos en el tiempo, además de entrañar mayor peligro para la víctima.

Acepto que todo fue una gran estafa

Más temprano que tarde empezarás a darte cuenta de que no hubo ningún compromiso afectivo ni emocional de su parte, de que en ese romance estuviste remando el barco solo, puesto que del otro lado no existió alguien real.

Comienza a desarrollarse una disonancia cognitiva: «¿Cómo es posible que mi alma gemela pueda ahora comportarse tan cruel, falso y manipulador? ¿Cuál es el real?». Tu mente alterna entre una versión y otra dependiendo del momento. Este juego hace difícil que puedas ver claramente al manipulador, ya que tu cerebro, para protegerte, toma lo positivo y descarta lo negativo.

Las dos facetas son reales, solo que la positiva sirve como carnada y la otra para el objetivo, devorarte.

Una persona real se muestra en el respeto mutuo, confianza, verdad, intimidad emocional, pensamientos genuinos y honestos. Características que nunca existieron, estás ante una persona fraudulenta. Y te tomará mucho tiempo comprender cómo es que todo lo que te hicieron creer nunca existió.

Es confuso y doloroso. Sus motivos pueden ser variados, recuerda que el maltratador necesita lo bueno de ti, para robártelo y hacerlo propio. Puede ser desde la explotación económica, sexual, afectiva, familiar, hasta otros como apalancamiento profesional, el ascenso social o el uso de tus bienes.

La ruptura con estas personas siempre será lesiva, se van a asegurar de que sufras. A estas alturas su aburrimiento por ti es doloroso, sus críticas son crueles; los desprecios o maltratos psicológicos y emocionales son la tónica habitual. La separación, aun cuando tu relación no haya sido la más estable ni positiva, te sorprenderá en el momento elegido, será repentina, sin preparación, proceso ni «anestesia». Siempre el peor de los modos posibles.

Puede que la sorpresa te caiga tan mal, que te veas rogando, llorando y hablando para ver si este personaje se arrepiente y lo piensa mejor. Jamás imaginaste poder llegar a ese escenario, ni sabes qué hacer. La respuesta que recibirás será fría, sin emociones, sin remordimiento ni culpa, además haciéndote sentir responsable del fracaso amoroso.

Solo mediante la denigración y la destrucción se puede auto convencer de que la relación ya no merece la pena. Si te cambia abruptamente por otra persona, esta solo será observadora, morderá el anzuelo que le ofrece, donde él siempre será la víctima, le han hecho algo muy malo. Su ex está loca y es desalmada.

La comunicación será ambigua, con la emisión de mensajes contradictorios que te desestabilizarán aún más. Al momento de verte alterado, tiene la excusa perfecta para acusarte falsamente de ser causa de todo lo que está ocurriendo. Aunque ya ha triangulado con otra persona, te hará pensar que fueron tus celos infundados, tu inestabilidad o tus irracionales desconfianzas. Otro aspecto para considerar es que esta salida de tu vida ha sido para el abusador totalmente planificada, elegirá el momento y modo que le convenga.

Si tú eres quien decide salir de la relación, prepárate, porque recibirás una ira incontrolable, hablará mal de ti con amigos y familiares, inventará historias poniendo en duda tu estabilidad mental y moral, intentará amenazarte y causarte todo el daño que pueda. Recibirás críticas, devaluaciones, insultos, gritos y más maltrato. Y como necesita ganar a toda costa, intentará rematar psicológicamente a la víctima.

La salida dolorosa

Salir de la relación abusiva será desafiante y agotador, tanto física como mentalmente; el cansancio puede influir negativamente en tu razonamiento y toma de decisiones. No intentes enfrentar a esa persona malvada porque solo conseguirás extenuarte. Sin miedo, haz las cosas con mente fría, no te dejes llevar por el dolor que causan este tipo de personas. Tampoco pienses en venganza, o perderás la batalla. Su objetivo es acabar contigo y el tuyo es huir.

Si tienes hijos, puede usarlos para hacerte sufrir. Te amenazará e intentará quitártelos. Les hablará mal de ti y les hará creer que tú eres el culpable de la ruptura familiar. O puede tratar de impedirles el contacto contigo.

En el mejor de los casos desaparecerá por completo y no les dará la manutención económica que le corresponde, dejándote a ti como responsable absoluto de cubrir sus necesidades. Con el tiempo hará apariciones ocasionales para seguir sembrando dolor.

Una de las razones por las que hago hincapié en prepararse y planificar la salida, es pensando no solo en la devastación emocional que dejará, sino también porque el proceso será duro y complicado. Si te preparas aminorarás los daños y lograrás estabilidad a mediano plazo.

Asegúrate de reconectar con tus vínculos o figuras de apoyo, procurar estabilidad financiera y conocer las leyes que te respalden y puedan darte seguridad. Sin miedo alguno, prepárate, que por mucho que el abusador alardee de su poder, ya tú estarás preparado.

Mi historia familiar

Las expectativas familiares pueden convertirse en una meta inalcanzable. Para muchos es sorprendente descubrir que cosas como crecer con la premisa de ser completamente autosuficiente hasta la dependencia castrante de tus necesidades son codificados como un abandono emocional que te hacen deseoso de afecto y vulnerable a personas que se relacionen contigo bajo el patrón de inestabilidad.

La familia tiene un papel fundamental en la formación del individuo, es el grupo de pertenencia primario, donde se establece una serie de lazos afectivos y se aprenden y afianzan valores, creencias y costumbres. Debe representar una base segura para el desarrollo del individuo, y para cumplir con esta función debe proporcionar seguridad, apoyo y relaciones fiables.

El aprendizaje dentro de la familia guiará la interpretación de las experiencias y determinará los comportamientos de apego. Sin embargo, no siempre se cuenta con la familia ideal. Existen circunstancias en las cuales la parentela no representa un fundamento confiable debido a las múltiples situaciones de crisis por las que atraviesa.

La pérdida de una figura, divorcios tormentosos y episodios de maltrato son algunas de las razones. También los estilos de apego y experiencias personales de los progenitores marcarán su forma de crianza y la interpretación que hagas de ella.

Los trastornos de personalidad como el narcisismo, la perturbación del estado de ánimo como depresión y bipolaridad, las adicciones o alguna experiencia de abandono físico o emocional, jugarán un papel determinante en tu autoconcepto, apego, esquemas y creencias sobre el amor. Experiencias cercanas con algunos de estos términos pueden hacer de ti una persona propensa a las relaciones afectivas insatisfactorias.

El hecho de identificar aspectos disfuncionales de tu familia no te sirve para justificar mantenerte en situaciones que terminen en reproches o resentimiento con el objetivo de ver para sanar y avanzar. **Los padres son fruto de sus propias vivencias y vacíos emocionales. No hay nada que juzgar, hay que cortar la transmisión de dolor con miras a una vida afectiva saludable y feliz**.

Anteriormente dijimos que somos una mezcla de genes, personalidad y experiencias vividas. Entonces ¿cómo una persona puede caer en las garras de un manipulador? Le daremos respuesta basándonos en el pilar fundamental: la familia.

La forma de afecto que recibimos en nuestra infancia ha sido modelo para nuestras relaciones en la etapa adulta. Los expertos afirman que si un niño no es atendido, contenido y protegido por su cuidador los primeros años de vida, desarrollará una hiperactivación de su sistema de apego, o por el contrario, una desactivación del mismo.

Las personas que han recibido la protección, el cuidado e interés de su cuidador tendrán una visión de sí mismos como valiosa y percibirán el mundo como un lugar seguro. El apego es buscar proximidad en el otro para sentirnos seguros, cuidados y alimentados, lo que nos garantiza la supervivencia.

Cuando hablamos de personas que tienen una hiperactivación del apego nos referimos a aquellas que son sensibles a las señales de rechazo o abandono, por lo que sienten que tienen que dar mucho más para ser aceptadas y queridas dentro de la familia, es decir, consideran que deben luchar por ganarse un lugar en ella.

En cuanto a la desactivación del sistema de afecto, esto consiste en que la persona asume que ya su cuidador no está para proporcionarle atención ni seguridad; entonces es capaz de desarrollar estrategias emocionales que la hagan independiente y confiada en que puede hacer y resolver todo por sí misma, absteniéndose de expresar sus emociones sanamente.

Muchas personas son incapaces de ver las señales de abuso psicológico dentro su núcleo familiar. Socialmente los padres son percibidos como santos que sacrifican todo por el amor a los hijos. Pero la verdad es que no siempre es así; más allá del maltrato psicológico, el abandono y la negligencia también son formas de abuso.

Puede que te sorprendas al darte cuenta de que no tienes una familia perfecta, dado que **te cuesta mucho recordar eventos desagradables de tu infancia.** Parece que hasta poco después de entrar en la adolescencia todo era perfecto, y empezó a deteriorarse cuando ya te hacías grande. Recuerda que en la infancia no era necesario cortarte las alas pues no había peligro de que volaras ni sintieras el deseo de hacer las cosas a tu manera.

Frecuentemente se hace referencia a la figura materna con rasgos de manipulación y chantaje, ya que la madre percibe a su hija como una extensión de sí misma y coloca en ella sus propias necesidades y deseos. No quiero decir que los hombres no puedan ser abusivos emocionalmente con sus hijos. Simplemente que la literatura refiere mayor incidencia cuando se trata de la relación madre-hija.

Comprueba todos los escenarios que encajan en tu relación con tu padre/madre ahora o en el pasado.

> **Sin empatía:** Cuando le hablas de tus problemas, ¿desvía la conversación para hablar de sí mismo/a? Cuando hablas de tus sentimientos, ¿trata de superarlos con los suyos? ¿Tu padre/madre carece de empatía hacia tus sentimientos? ¿Has sentido falta de intimidad emocional con tu padre/madre?

Amor condicionado: ¿Tu padre/madre se muestra celoso/a de ti? ¿Tu padre/madre compite contigo? ¿Has puesto en duda que le gustes o que te quiera? ¿Te apoya solo cuando las cosas que haces permiten que parezca buen/a padre/madre? ¿Sientes que tu padre/madre no te acepta?

Importancia a su imagen: ¿Tu padre/madre hace cosas por ti sólo cuando otros lo pueden ver? ¿Tu padre/madre es excesivamente consciente de lo que piensan los demás (vecinos, amigos, familia, compañeros de trabajo)?

Egocentrismo: Cuando te ocurre algo (por ejemplo un divorcio), ¿tu padre/madre reacciona por cómo la afectará en lo personal, en lugar de por cómo te sientes tú? ¿Tu padre/ madre actúa como si el mundo debiera girar en torno a él/ella?

Se victimiza: ¿Tu padre/madre te culpa a ti o culpa a otros en lugar de reconocer su responsabilidad por sus propios sentimientos o actos? ¿Tu padre/madre se siente herido/a fácilmente y carga durante mucho tiempo el agravio sin resolverlo?

Te culpabiliza: ¿Sientes que has sido responsable de las dolencias o enfermedades de tu padre/madre? ¿Tuviste que hacerte cargo de las necesidades físicas de tu padre/madre durante tu infancia? ¿Tu padre/madre oscila de un humor egotista a otro deprimido? ¿Te sientes manipulado por tu padre/madre?

Te critica y juzga: ¿Sientes que tu padre/madre te critica? ¿Te sientes impotente con respecto de tu padre/madre? ¿Tu padre/madre te avergüenza con frecuencia? ¿Sientes que tu padre/madre sabe quién eres realmente? ¿Tu padre/madre te controla actuando como víctima o mártir?
Te infantiliza: ¿Te resulta difícil ser independiente de tu padre/madre? ¿Tu padre/madre quiere controlar tus decisiones? ¿Tu padre/madre quiere que todo sea como él/ella quiere?

Todos estos eventos influyen en tu autoconcepto: «No soy lo bastante bueno», y te causan sensación de soledad. Por tal razón te resulta difícil crearte una vida auténtica y propia. «Pienso que me valoran más por lo que hago que por lo que soy». Sientes un vacío en tu interior y una insatisfacción general. Tienes problemas con tus relaciones amorosas. Tienes miedo de llegar a ser como tu padre o tu madre. Te resulta difícil confiar en tus propios sentimientos.

Las personas que sufren abuso en sus relaciones de pareja, es probable que hayan tenido relaciones familiares limitantes de sus emociones y libertades. La literatura nos habla de las madres que suelen cometer abusos psicológicos en sus hijas mientras que el padre es un elemento más que la madre anula, por lo que se muestra «ausente» en la vida de la hija.

La madre se encarga de que el padre sea manipulado por la hija y se alinea a sus opiniones. Por otro lado, la figura paterna como controladora utiliza un hijo varón como chivo expiatorio, mientras que la madre es anulada y sin valor en sus opiniones.

Todo esto tiene sentido ya que el narcisista toma al hijo como una extensión de sí mismo, endosándole sus exigencias, deseos y dolores.

En el caso de que los hijos sean del mismo género, uno de ellos será el hijo dorado y el otro el chivo expiatorio. En ambos casos el abuso traerá consecuencias devastadoras a nivel emocional.

Podemos identificar cuatro tipos de familias que no saben amar, pues más allá del abandono físico también puede haber abandono o negligencia emocional.

1. Uno de los progenitores tiene algún tipo de adicción, puede ser al juego, al alcohol o a otras sustancias.
2. Son emocionalmente inestables, constantemente hay caos, negligencia, falta de cuidados, inconsistencia e incongruencia en la educación parental. Puede haber enfermedades mentales, psicosis, depresiones, trastornos de la personalidad.
3. Hay violencia doméstica, maltratos y abusos físicos y sexuales. Incesto, violación de todo tipo de límites. Gestión por el terror, el miedo y las amenazas.
4. Por último —y objetivo de este libro—, hay manipulación, seducción narcisista, uso de **chantaje emocional.** En estas familias tóxicas los niños no tienen ninguna oportunidad de desarrollar un apego seguro que les permita enfrentarse con firmeza a los avatares de la vida adulta.

Vamos al detalle del tipo de familias que aplican el chantaje emocional:

Centro de atención: la llamo de esta manera porque uno o ambos progenitores siempre quiere resaltar, busca constantemente ser el centro de todo acontecimiento. Públicamente son aceptados y reconocidos por su aparente grado de entrega, pero puertas adentro sabes que no les importas. Solo te prestan atención cuando se trata de algún evento donde puedan lucir como los padres/madres ideales. Usualmente buscan que su familia encaje perfectamente en el mundo social.

Solo logros: a este tipo de padres/madres solo les importa lo que logres en la vida y que ello esté alineado con lo que ellos quieren, pasando por encima de tus gustos o tus deseos. Mientras logres cosas, ganes competencias o seas el mejor, ellos estarán orgullosos y te presumirán, siempre y cuando esos éxitos estén acordes con sus pensamientos. Pero en el momento en que no logres algo, su vergüenza será mayúscula, pudiendo sufrir ataques de rabia o furia por ver «sus logros» frustrados.

Siempre enfermo/a: se aprovecha de condiciones de salud, reales o fingidas. Este tipo de padre/madre utiliza con frecuencia asuntos de la salud para escapar de cualquier situación que le implique un riesgo emocional, sin importarle que con su evasión pueda hacer daño a su familia.

Vicioso/a: cuando el padre o la madre es adicto al alcohol o a las drogas. Mientras las esté consumiendo, esas sustancias son su dios, y no le importa pasar por encima de quien sea tal de obtenerlas. En algunos casos, cuando se encuentra sobrio la conducta narcisista desaparece, hasta la siguiente dosis.

Dos caras: este tipo de padre/madre vive por y para el público, el trastorno narcisista se manifiesta como una necesidad de ser reconocido/a por entes externos a su propia persona y a su familia, mostrando una cara fuera y otra dentro del hogar. Generalmente son los hijos quienes sienten esta dualidad teniendo, por ejemplo, una mamá amorosa y compresiva a la vista de los demás y una mamá dura y malvada en privado.

Volcán emocional: son padres o madres que desde que sus hijos son muy pequeños les comentan todos los problemas como si de otros adultos se tratase, sin empatía y sin matizar. Siempre expresan lo que sienten para que los hijos o hijas les resuelvan las dificultades, lo cual es contraproducente porque crean responsabilidades y presiones que no deberían formar parte de la crianza de los niños.

El progenitor ausente

Luego de leer todo esto, puedes llegar a preguntarte: «Y papá, ¿dónde estaba cuando esto ocurrió?» o «¿por qué mi mamá no me defendió de la humillación?»

La respuesta de dónde estaba papá o mamá en todo esto es simple: en la misma situación en que se encontraba el hijo. En las familias donde la madre es el centro del abuso narcisista, el padre no es más que un complemento que gira a su alrededor como si ella fuera el sol. Esta será la única forma de mantener la relación, porque en el momento en que uno de esos pequeños planetas se rebele sucederán los ataques de violencia.

En caso de que el padre decida dejar a la esposa, esta va a reaccionar de manera agresiva, atacándolo por donde sabe que más le dolerá; puede querer quitarle la custodia de sus hijos o ponerlos en su contra. La finalidad es anular o desaparecer la opinión de la pareja, y tener así el panorama completo bajo su absoluto control.

La triangulación: una forma de control

En las familias cada integrante tiene un rol determinado; en esta, la figura de autoridad es el eje central y los demás se mueven alrededor de él y sus manipulaciones. La triangulación se refiere a que el progenitor se alinea a uno de los hijos y el otro se vuelve el chivo expiatorio. En otro escenario puede triangular alineándose al padre y colocando al hijo como chivo expiatorio, y finalmente puede ser madre e hijo aliados para perjudicar la figura del padre.

Como se puede ver, el manipulador se las arregla para ser el vencedor y controlar absolutamente todo dentro del hogar. Triangula introduciendo de forma implícita o explícita comparaciones con otra persona; el objetivo es minimizarte. El abusador recluta aliados dentro de tu mismo círculo para que se pongan de su lado y tener así quien respalde sus opiniones. Difama, inventa, omite o tergiversa la realidad para que la víctima sea vista como malvada, cruel, inestable mentalmente y rechazada por los demás.

Tu progenitor puede adjudicarte diferentes roles según sea de su beneficio:

El hijo dorado: se le conoce popularmente como «el hijo favorito». Es quien se acopla a las necesidades y deseos del progenitor abusivo, y en recompensa este lo llena con el denominado bombardeo de amor. Pero el amor tiene un precio para personas así, y este rol dentro de la triangulación sufre de total anulación de los deseos personales, porque está en constante búsqueda de agradar o satisfacer las necesidades de sus padres.

Crecen creyendo que el abuso es algo normal porque, como ya lo señalé, si el abuso viene de su familia, es lo único que va a conocer. Cuesta que estas personas salgan del círculo de abuso, porque no pueden hacer una vida fuera de la casa matriarcal, pero siempre será la madre quien tenga la última palabra en todas las decisiones.

Estas personas no crearon una identidad, se vuelven esclavas de las órdenes dadas por un padre o una madre. Ello les traerá como consecuencia que al crecer tengan relaciones tormentosas, probablemente con personas también abusivas, porque aunque por fuera tengan la apariencia de éxito, en su interior son seres reprimidos y llenos de dudas.

Al llegar a adultos se convierten en personas que creen merecerlo todo con poco esfuerzo, parecen ser eternos adolescentes, pesimistas, malcriados y llenos de frustraciones, sin una personalidad definida, por lo que cuesta conocer sus gustos y deseos. Suelen ser personas que critican la vida de otros, pero no hacen nada con la propia. También pueden adquirir el mismo perfil abusivo y manipulador ya que les han hecho creer que son omnipotentes, perfectos y libres de culpa. Esperan que sus deseos se hagan realidad cueste lo que cueste.

Si el hijo dorado llega a casarse o a mantener una relación estable, le costará aceptar las críticas hacia su madre porque es «sangre de su sangre», pero no debe olvidar que su pareja es la que él ha elegido y que forma su nueva familia.

Por eso se recomienda que ante la más mínima intromisión, él agradezca a su madre su opinión y le aclare que serán ellos quienes tomen sus propias decisiones. De lo contrario florecerán discusiones y habrá reproches de su pareja. Sin embargo, en esta situación muchos hombres se llevan las manos a la cabeza y claman: «¿Qué quieres que haga, si es mi madre? ¡No le hagas ni caso…!». El hijo es quien debe hablar con su madre o padre y ponerle límites cuanto antes.

El chivo expiatorio: es quien tiene que sobrellevar la parte negativa de la triangulación, soportar toda la ira, el enojo, las exigencias y las críticas del progenitor abusivo. La culpa de todo lo ocurrido en la casa se coloca sobre sus hombros y, según el maltratador, no es capaz de hacer nada bien.

Normalmente se rebela contra el abuso, lo que desencadena peleas y constantes reproches, poniendo como ejemplo del deber ser al hijo dorado. El chivo expiatorio suele alejarse de la familia al comprender que nunca será bien tratado, y aunque pueda parecer que no le afecta, la realidad es que la autoestima de estas personas suele ser muy baja, por no estar seguras de las razones por las cuales su padre o madre «no lo quiere».

En caso de que deje el nido familiar, el progenitor narcisista lo acusará de tener problemas mentales o de ser el culpable de la ruptura, todo esto para tapar la ineficiencia y el abuso presentes en el hogar.

Ambos lugares dentro de la triangulación son sumamente tóxicos y dañinos, porque tanto el hijo dorado como el chivo expiatorio van creando dudas y grietas en su psicología. Por un lado, el que está en el pedestal pierde su autonomía y se convierte en una extensión más del abuso, y quien se encuentra abajo se llena de dudas, de preguntas sin respuestas, lo que hace que cree una máscara para poder convivir con la sociedad.

En ambos casos pierden su esencia y crecen como adultos dañados muy propensos a tener más relaciones abusivas, esta vez con amigos o con parejas. Poder abrir los ojos y darte cuenta de que vienes de una familia con padre o madre narcisista es importante para romper con esa cadena que ata tu verdadera esencia. Entonces te será más fácil identificar y parar a tiempo otras relaciones tóxicas que se puedan estar dando en tu vida. Además de recuperar la fuerza interna que por mucho tiempo te han quitado.

Los dos sufren el abuso de distintas maneras —uno, la aprobación, el miedo y el control. El otro, la humillación, la culpa y el rechazo—. De cualquier forma, los hijos de un padre o madre narcisista viven en un ambiente tóxico y destructivo. No es mejor ni peor ser el niño dorado o el chivo expiatorio. Los hijos abusados terminan con secuelas emocionales y comportamientos adaptativos que conforman el Síndrome de la Víctima Narcisista.

Uno y otro desarrollan profundas dudas sobre sí mismos debido a todas las palabras de crítica, degradación, crueldad y mensajes de que no son lo suficientemente buenos. La mayor lucha del hijo dorado como adulto es la pérdida de la sensación de sí mismo, de no saber quién es y no haber hecho lo que se esperaba de él.

La mayor lucha del chivo expiatorio en la edad adulta es la vergüenza que tiene debido a todas las proyecciones de culpa que le fueron lanzadas. Y, al igual que el hijo dorado, se enfrenta a la pérdida de identidad.

Impacto de una familia que no sabe amar

Lo más complicado en las sesiones es lograr que las personas que asisten se den cuenta de los problemas que traen de familia, porque han normalizado conductas que no son sanas ni admisibles. De tal forma que ni siquiera han notado que fueron víctimas de maltrato, y por eso quiero darte una lista; si te reflejas en algunos de sus puntos, probablemente sufriste alguna clase de abuso narcisista:

- Te atascas con facilidad en trabajos mal pagados.
- Constantemente te condicionan tus capacidades en el hogar.
- Sientes que tu infancia transcurrió al borde de la locura, dramas y violencia.
- Te sientes paralizado porque los abusos en tu familia están tan encubiertos y secretos que no puedes siquiera permitirte encararlos o hacer algo para salir de ello.
- Tienes dificultad para expresar claramente lo que sientes.
- Ves a otras familias y deseas ser como sus miembros.
- Tus emociones son muy fuertes o son inexistentes.

- Constantemente te comparan con algún hermano, primo o amigo cercano.
- Te sientes insatisfecho con tu vida.
- No sientes deseo o placer en la sexualidad.
- Sientes insatisfacción constante y no tienes una razón.
- Tuviste que aprender a sobrevivir en una familia «al borde de un ataque de nervios», en la que papá trabajaba mucho en varios sitios, mamá estaba abrumada cuidando a sus cuatro hijos y donde todo el mundo estaba siempre agotado y al límite.
- Fuiste olvidado o abandonado emocionalmente, nadie estaba presente para cuidar de ti.
- Aunque recibiste alimento y cuidados materiales, te faltaron el consuelo y la atención a tus necesidades emocionales.
- Te consintieron o mimaron o sedujeron hasta el punto de que permaneciste en el nido sin independizarte mucho más tiempo que la mayoría de los compañeros de tu edad.
- Militas fervientemente en una religión o eres rabiosamente ateo.
- Tienes pensamientos catastróficos que te generan angustia.
- Te sientes triste, solo y muy cansado mentalmente.
- Tienes baja autoestima, no confías en tus valores y capacidades.
- Presentas miedos y fobias.
- Tienes baja tolerancia a la frustración.
- Das respuestas pasivo/agresivas.

En el mismo orden de ideas, pero de manera muy sencilla, describiré algunos rasgos de suegros o suegras con el mismo patrón dañino de amor y control. Hago esto porque forman parte de la parentela y pueden causar mucho daño, hasta la destrucción familiar de sus propios hijos.

Ellos cuentan con las mismas características de los padres o madres narcisistas; lo que significa que el hijo dorado será su hijo o hija y el rol de chivo expiatorio lo tendrá el otro miembro de la pareja, a quien dirigirán todos sus desmanes, críticas, juicios y culpas.

De diversas formas, enmascaradas o no, tu suegro/a te hará sentir que no eres buena o merecedora de estar en su familia. Las comparaciones con exparejas, comentarios hirientes sobre ti y tu familia y evaluación constante sobre tu aspecto físico o intelectual serán frecuentes. Su objetivo con estas conductas es mantener el control de su hijo/a y asegurarse de que tú también seas parte de sus marionetas.

Ejercerá todo tipo manipulación y chantaje emocional con el hijo/a para crear discordia. Mediante estos manejos el hijo se verá imposibilitado de colocar límites, pues lo hará sentir culpable y creará dramas y escenas teatrales de daño y abandono en su contra. La crianza de los hijos será cuesta arriba porque intentará ganar su afecto con regalos y excesivo consentimiento. Puede llegar hablar mal de ti con tus hijos para manipular sus creencias. También podría ocurrir que tuviera preferencias evidentes entre los nietos y descarte a alguno de ellos.

Si notas cualquiera de estas características lo mejor es asistir a apoyo psicológico familiar. Al hijo le tocará trabajar en su independencia y sentimientos de culpa y a la pareja evitar tener reacciones emocionales y no tomarlo personalmente. Poner distancia, límites y reglas en cuanto a su vida familiar es indispensable si tienen el deseo de continuar con la relación.

Hay variaciones en el afrontamiento y tu reacción a la familia donde creciste[1]

Si provienes de esta clase de familias es probable que experimentes alguna de estas formas de intentar salir de ella o de pertenecer aún más.

Los tristes exitosos: sucede cuando para lograr la aprobación de un progenitor exigente y sin empatía, las personas procuran títulos, galardones y trofeos. Pero por muchos éxitos y premios que obtengan, no conseguirán el reconocimiento y la atención positiva que les ha faltado. Pueden convertirse en unos completos insatisfechos buscando algo que no es real.

En el peor de los casos pueden copiar un patrón similar al del abusador, creyendo ser grandiosos, sabios y perfectos. Las personas que son psicópatas emocionales carecen de empatía y remordimiento. Si ese no es tu caso, sino por el contrario, te preocupa convertirte en tu padre o tu madre, entonces solo tienes unas pulgas producto de un aprendizaje errado sobre cómo amar.

---

1 Este apartado está basado en las investigaciones de Piñuel sobre las variaciones de afrontamiento en familias y los estilos de apego.

Los desdichados: responden una desesperanza aprendida. Tal ha sido el esfuerzo que pusieron en ser reconocidos, respetados y amados incondicionalmente que lo único que esperan de la vida, es que algo salga mal. No asumen riesgos ni toman decisiones porque la visión pesimista los nubla y les impide buscar tus sueños. La consecuencia es la anulación de su psique, de las ganas de luchar y de salir adelante.

En la adultez idealizan a su familia y progenitor chantajista, pensando que esa es la relación perfecta. Esto puede dar como resultado que elijan una pareja que repita los patrones de abuso presentes en su familia, lo que hace a estas personas sumamente vulnerables, dada su baja autoestima y falta de autocuidado.

Los complacientes: a diferencia de los dos anteriores, los que son extremadamente complacientes parecen tener una vida normal, pero al analizar nos damos cuenta de que evitan, de todas las formas posibles, tener discusiones o desagradar a alguien, principalmente a las personas con las que tienen un vínculo emocional.

Por ejemplo, si compiten por un puesto de trabajo prefieren hacerse a un lado para eludir cualquier tipo de conflictos, además les cuesta mucho concretar cualquier acción por temor a disgustar al otro. Carecen de seguridad al hablar o exponerse en público. Les cuesta expresar sus opiniones y hacer valer sus derechos.

Los insatisfechos: una reacción a las familias que no saben amar es buscar constantemente lo imposibles. Si quieren estar con alguien, buscarán una persona que los trate mal, que sea tóxica o que no se encuentre disponible.

Esta clase de personas siempre buscan retos, y cuando los superan, se aburren con facilidad. Suelen ponerse techos que sean inalcanzables, y si por casualidad le llegan, lo desechan y se colocan otros aún más altos. Todo esto buscando frustrarse, sin saber que la fuente de su infelicidad son ellos mismos.

Recuerda que no hay un perfil único y exclusivo, puedes presentar rasgos de todos los descritos. Pero ten calma, que si llegaste hasta este punto seguramente también hay una parte sana en ti. No te preocupes, este libro está destinado a ayudarte a reparar o modificar aquellos aspectos que te han mantenido atado e infeliz. Lo importante es que vayas identificando los que puedan estar presentes en ti.

Notas reflexivas

Te invito a que escribas en las líneas que verás a continuación, las ideas, reflexiones o sensaciones que van emergiendo en ti. Esto te permitirá poner orden y claridad a tus pensamientos y emociones.

¿De qué te has dado cuenta con la lectura de este capítulo? ¿Cómo podrías convertirlo en un elemento positivo de crecimiento y en defensa de tu felicidad? Colócale nombre a las emociones que emergen de ti.

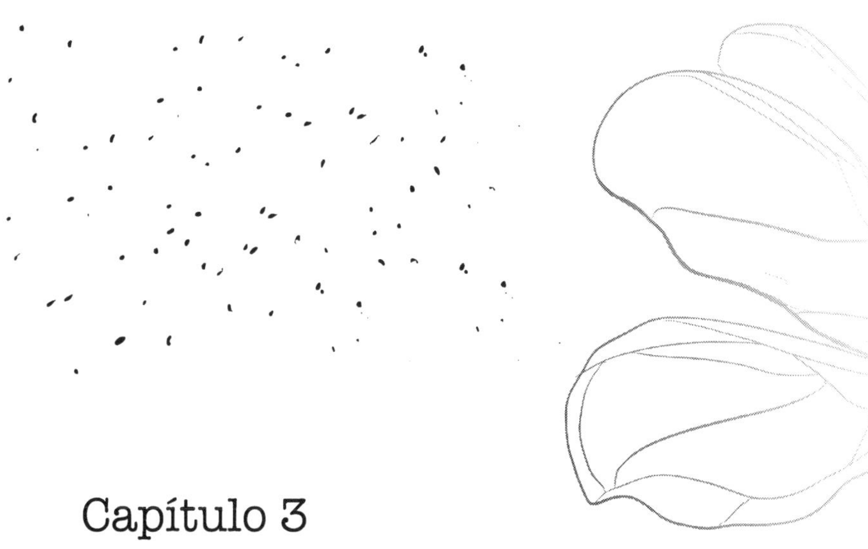

Capítulo 3
Decido mirar

La única verdad es que eres inocente de un engaño,
la manipulación y el daño que otro individuo te hizo.
Piñuel

En este capítulo quiero hablarte en profundidad de todos esos artilugios que el abusador va ejerciendo lentamente sobre ti. Posiblemente te has percatado de ciertas conductas, pero tal vez otras —que ya tienes normalizadas en tu vida— sean las que no te permiten salir de esas situaciones agobiantes o que te des cuenta de lo que sucede.

Antes de revisar las técnicas, necesitamos conocer cómo son estas personas y lo que piensan de sí mismas y de quienes le rodean.

En los capítulos 1 y 2 hemos descrito lo que has vivido o lo que sientes sobre tu pareja y familia que no saben amar. Pero ¿qué opinarías si te digo que son verdaderos psicópatas, que quizá no han asesinado tu cuerpo, pero sí tu alma?

Suena irreal que una persona que amas y que en ocasiones te ha profesado amor, atención y detalles tenga como etiqueta la aterradora palabra «psicópata». Pero sigue leyendo e intenta descifrar si están presentes los rasgos y estrategias que han puesto en práctica para hacer de ti un adorno o un títere más.

Perfil de alguien que no sabe amar

Sé que esta parte no va a ser fácil, sobre todo si conoces a alguien que puedas identificar con este perfil, más aún si esa persona es cercana, como una pareja o algún familiar. Pero ya te hemos advertido en capítulos anteriores que este proceso no sería sencillo, y lo que debes tener presente es que al final de este túnel se encuentra tu bienestar integral.

Quienes presentan un perfil de narcisismo o como los llamamos antes, de psicópatas encubiertos, tienen características bien marcadas. Observar solo algunas de ellas en alguien vinculado a ti es suficiente señal para permanecer alerta e indagar más en la relación que mantengas con esa persona.

Un psicópata encubierto es incapaz de sentir empatía o de situarse en el lugar del otro, aunque puede fingir hacerlo por algún interés. En eso este tipo de personas son expertas; sin embargo, suelen delatarse en su discurso, porque no es genuino y no se puede mantener en el tiempo.

Y sé que puedes tratar de justificarlo diciéndome: «Pero Claudia, tal vez son inocentes o solo no saben hacerlo». A lo que puedo responderte que eso es falso, ya que una persona con este trastorno sabe perfectamente lo que hace, conoce el bien y el mal que puede ocasionar a los demás y cómo usarlo en favor propio. Este conocimiento hace que no sufran de ansiedad, ni teman a las consecuencias.

Detectar a estos abusadores narcisistas es complicado porque frente a la sociedad se muestran muy encantadores; además, poseen en muchos casos una notable astucia para pasar desapercibidos, y también para lograr que el abusado quede públicamente como el «loco» o el que toma las decisiones de forma irracional. Este rasgo es complejo, ya que muchas veces la opinión pública se torna en contra de la víctima, por desconocimiento y manipulación de estos individuos.

Aunque socialmente brillantes, en términos de intimidad sexual en muchos casos son deficientes, ya que no logran esa conexión con la otra persona; usar el sexo como arma para controlar y manipular a la pareja es común en los hombres y mujeres narcisistas. Aquí insistimos en la importancia de tener muy presente que estas personas no son capaces de sentir remordimiento, culpa o vergüenza por lo que hacen.

Si en algún momento este tipo de personas son confrontadas, por ejemplo, con alguna historia que no encaje del todo o al descubrirles alguna mentira, reaccionan con ira y violencia por no ser capaces de admitir los errores propios, pero sí de tergiversar los acontecimientos para hacer que sea la otra persona quien se disculpe.

Si incurre en infidelidad, el narcisista se coloca como la víctima excusándose con que «estaba descuidado» o «necesitaba ese cariño que ya no nos damos». En ningún momento admitirá su responsabilidad.

En caso de que nada de esto le funcione, puede valerse de intentos de suicidio amañados; utilizan la muerte como método de manipulación, y de ocasionársela efectivamente tendría que ver más con un accidente que con la intención real de hacerlo.

Estas personas tienen un alto concepto de sí mismas —o al menos eso quieren transmitir—, que han formado pisando a aquellos que están a su alrededor. Se consideran como dioses o reyes y creen que todo lo merecen, que son los dueños del mundo. Con esta característica son imparables, nada puede detenerlos cuando desean algo. Son capaces de engañar, agredir o hacer lo necesario para conseguir lo que pretenden, sin temor a las consecuencias porque creen que estas no pueden afectarlos.

¿Qué significa ser una persona narcisista? El *Manual diagnóstico y estadístico de los trastornos mentales* (*DSM-5*, por sus siglas en inglés), define la personalidad narcisista como: «Un patrón dominante de grandeza —en la fantasía o en el comportamiento—, de necesidad de admiración y falta de empatía, que comienza en las primeras etapas de la vida adulta y se presenta en diversos contextos». En esencia, se manifiesta por **sentimientos de grandeza, creencias sobre sí mismo como ser «especial» y único con una necesidad excesiva de admiración.**

El psiquiatra Otto Kernberg plantea que la personalidad narcisista se sitúa en un continuo que va desde lo normal hasta lo patológico. Por consiguiente, no todas las personas con rasgos narcisistas llegan a padecer un trastorno, ello depende en gran medida del grado en que poseen los rasgos. Pero te aseguro que si logras identificar varios, es ya un signo de alarma de que tu vínculo será insano y entrarás en una espiral de decadencia personal.

Recomendaciones para identificar a una persona narcisista

Existen varias formas en que puedes detectar a un psicópata encubierto. Iñaki Piñuel en su libro *Amor Zero* (2016) enumera diecinueve ítems que puedes usar en tu vida diaria. Están redactados como si la persona narcisista los estuviese diciendo, de manera de entrar en su mente y sea más fácil para ti identificar estos patrones en su discurso:

1. Todos los demás envidian mis capacidades.
2. No he sido capaz de llegar más lejos debido a la envidia de algunas personas hacia mí.
3. Todos los demás son una especie de chusma sin nivel o sin categoría.
4. Todos deben reconocer lo genial y especial que soy.
5. Algunas personas me deben todo lo que son.
6. La mayoría de las actuaciones de la gente están motivadas por la envidia y los celos que me tienen.
7. Todo cuanto ocurre en mi entorno tiene algo que ver conmigo.
8. A mí no me obligan, por mi nivel, estatus o categoría, las reglas que valen para los demás.
9. La gente tiene que promocionarme o considerarme por mi especial talento.
10. Puesto que soy superior, tengo derecho a un trato y a unos privilegios especiales que a los demás no corresponden.
11. Los demás no merecen ningún tipo de admiración o reconocimiento.

12. Solo puedo ser comprendido por personas tan inteligentes como yo, o de mi nivel.
13. Tengo motivos de sobra para esperar grandes cosas.
14. Mis necesidades están por encima de las de cualquier otro.
15. La gente no tiene derecho a criticarme.
16. La gente no tiene nivel suficiente para criticarme.
17. Es intolerable que no se me tenga el debido respeto o que no consiga aquello a lo que tengo derecho.
18. Si los demás no respetan mi estatus, merecen ser castigados.
19. La relación con los demás es un medio de obtener reconocimiento, elogios y admiración.

En pocos casos las personas narcisistas serán así de directas con lo que piensan, pero en la escucha atenta cuando hablas con ellos puedes entender cómo se van repitiendo estos patrones de sentirse el centro del universo y que todas las cosas giran a su alrededor.

Para ellos el mundo no es más que un lugar hecho para rendirles respeto y temor, y puede ser lo que ellos consideren, desde una junta de condominio, hasta un país entero. Este tipo de personas no tiene límites y se encuentra en todos lados, por eso es tan fácil caer en sus garras.

Además, son expertos en el uso de técnicas y artimañas para manipular y convencer a los que ellos necesiten para poder sentirse superiores.

Técnicas utilizadas para manipularte y abusarte

Las siguientes son las técnicas más comunes usadas por los abusadores (familia o pareja) para invisibilizarte y hacer que vayas perdiendo tu identidad.

Infantilización: cuando tus padres o tu pareja no dejan que seas independiente económica, social o emocionalmente y buscan que cada decisión que tomes sea previamente aprobada por ellos.

En el caso de las parejas, el abusador lentamente va cercando la economía de la casa, puede que trabajes, pero tu dinero no se ve, siempre se acaba muy rápido sin dejar nada para ti. Ya no tienes amigos propios, sino que todos son de la pareja. Y si sales con ellos, nunca es solo o sola, tiene que estar el tirano presente.

Muchas veces los abusados dentro de la familia no se dan cuenta de este comportamiento hasta después de que alcanzan la etapa de la independencia, la cual puede estar marcada por la mayoría legal de edad, en la cual los padres tóxicos intensifican estos comportamientos.

Invalidación: por cada comentario que lo contradiga, no le interese o no entienda el maltratador, el abusado será denigrado, ridiculizado y rechazado. Esto se da en todo tipo de situación y si lo puede hacer en público, para agradar a los espectadores, lo hará con un gusto morboso.

Asfixia emocional: lo que busca el abusador es hacer que dudes de tu cordura, puede darte información falsa, para luego decir en público la verdadera o crear situaciones donde dudes de tu propia percepción de las cosas. Colocar objetos fuera de lugar y decir que lo hiciste tú, todo esto con la finalidad de ofuscarte y confundirte.

Este factor, sumado a la invalidación y el aislamiento que sufre la víctima, hace que los daños sean mayores, porque sin personas con las cuales contrastar lo que está viviendo, se encuentra a merced del abusador.

No hay límites: el maltratador pretende intervenir en todos tus asuntos mientras te dice hasta dónde es conveniente que tú te acerques a los suyos. Tu privacidad es inexistente; el abusador necesita saber dónde, cómo y con quién estás en todo momento. Puede llegar al punto de llamar a tu trabajo, a familiares y a amigos para comprobar que no le mientes o que realmente estuviste en el lugar que le habías dicho.

Triangulación: en el capítulo anterior hablamos de esta técnica usada por los padres abusivos, donde el centro es quien comete los abusos y en los extremos se encuentran una persona que se lleva toda la carga positiva y otra toda la negativa. Esta forma no solo se emplea entre hermanos, en la pareja puede usarse poniendo en el lugar dorado a alguna exnovia o amiga de la relación; también en espacios laborales, entre dos empleados. Siempre y cuando solo se reconozca lo bueno de una de las partes, mientras que a la otra solo se le vea lo negativo en todas las comparaciones.

Nada sin mí: no importa el logro que puedas conseguir, el narcisista dirá que fue gracias a él o ella que lo obtuviste, y te hará sentir que si no fuera por su existencia la tuya no valdría nada.

Proyección: el abusador puede acusarte de todos los defectos que él ve en su persona, si dice que eres mentiroso, manipulador, frío, lo más probable es que esté colocando en ti los rasgos propios de él.

Deflexión: dijimos que quien comete los abusos siempre se colocará como la víctima, ya que tiene una habilidad espantosa para tergiversar los significados y torcer de múltiples maneras las conversaciones. Donde quien recibe todos los abusos, es el que pide perdón.

Intimidación: la coacción es constante en este tipo de personas, situaciones en que amenazan con revelar secretos o con violencia física si no se hace lo que el abusador quiere en el momento que precisa. Muchas veces puede presionar con decir mentiras frente a personas importantes, pudiendo quitar oportunidades laborales o de superación.

Ley del hielo: pueden dejar de comunicarse contigo por días o hasta semanas, solo con la finalidad de causar daño o remordimiento. Ellos nunca darán el primer paso para acercarse, siempre van a esperar que sea el abusado el que decida regresar a la relación.

Perspecticidio: la finalidad de todo manipulador es anular totalmente al otro, hasta el punto de controlar su tiempo, sus finanzas, sus amistades. Eliminar cualquier perspectiva personal e imponer únicamente la visión del abusador.

***Hoovering*:** cuando cortas el vínculo con la persona abusiva, esta va a intentar por medio de terceros hacerte saber lo mal que lo está pasando. Casualmente te van a llegar mensajes, o alguien te lo va a comentar. Como una estrategia para que regreses a su lado.

Acoso: muchas veces, cuando es el abusado quien decide alejarse por sus propios medios, el abusador empieza una campaña constante de acoso, haciendo daño por todos los medios posibles con la finalidad de hundir a aquella persona que él o ella no pudo anular.

Algo que me gustaría aclarar es que en muchos casos, cuando uno de los padres es abusivo el otro tiene tres opciones para afrontar la situación: puede no saberlo, puede saberlo pero intenta evitar conflictos con la otra figura de autoridad, o el más dañino de todos, se convierte en cómplice para hacer daño.

No tienes que haber experimentado todas las técnicas anteriores, que tampoco se dan todo el tiempo, algunas son intermitentes. Pero el hecho de experimentar cualquiera de estas ya es impedimento para establecer una relación sana.

Existe en la literatura especializada un concepto que ayuda a entender el uso de estas técnicas, se trata del suplemento. Se refiere a que todas las emociones fuertes que causa el abusador son la energía que tiene para continuar, por eso aplica dichas técnicas. De alguna forma el psicópata encubierto se alimenta de las emociones negativas que es capaz de causar en ti.

El suplemento narcisista es un concepto introducido en la teoría psicoanalítica por Otto Fenichel para describir un tipo de admiración, apoyo interpersonal o sustento, extraído por un individuo de su entorno que se convierte en un elemento esencial para su autoestima. El narcisista necesita una persona que se convierta en su suplemento, en su fuente de suministro —le aporta aquello que él mismo no puede darse—.

Se alimenta de las respuestas emocionales de los demás, así que necesita provocar esas reacciones, y cuanto mayor sea la intensidad de la respuesta emocional, mayor será el suministro que reciba. No importa si la emoción que generan es positiva o negativa. Esto significa que puede degradar, despreciar y humillar a otro/as con tal de generar reacciones emocionales para recibir el suministro.

Saber todo esto puede ser un choque y generar confusión, pero lo importante es que te diste cuenta y lograste ser valiente para reconocer, buscar la salida y sanar.

El deseo de mantener un vínculo malvado

Frente a ti se presenta una disyuntiva, puedes seguir con esa persona que sabes es malvada o puedes dejarla. Puedes decirme: «Es complicado, porque sé que no me hace bien, pero cuando hago lo que dice es amable, atento y me llena de amor».

Como especialista, estoy consciente de lo complicado que es dejar este tipo de relación, pero te recomiendo que prestes atención a sus actos para definir si realmente te quiere o si solo está contigo por lo útil que le eres. Pon cuidado a su discurso y a la forma de tratarte cuando se molesta.

Recuerda que en estos momentos tienes dos enemigos, el primero es tu cerebro, que intenta protegerte recordando solo los buenos momentos porque no quiere sufrir. Y el otro es el abusador, que apenas sienta algún cambio puede intentar bombardearte de amor, recuerda que es un experto en el arte de la mentira y el camuflaje.

Ahora tienes algo que antes no, y es el conocimiento de sus técnicas, con lo cual puedes desmontar y salir de ese vínculo que ha drenado tu forma de ser y ha creado heridas que no serán fáciles de sanar en soledad, pero son imposibles de tratar estando al lado del causante.

Algo importante que debes tener en cuenta es que dejar una relación tóxica no es fácil, existen varios factores que complican la salida. Uno de los más importantes es el social, dado que muchas veces el abusador es tan bien visto socialmente, que la víctima es juzgada sin saber ellos lo que sucedía «de puertas para adentro», además de la estigmatización a la soledad, muchas veces se piensa que la soledad es mala y se debe vivir en pareja sin importar el precio que deba pagarse.

Gaslight o luz de gas

Herramienta utilizada para hacerte pensar que estás loco, mal de la cabeza, que eres exagerado en tus emociones y reacciones. Hacer «luz de gas» es una técnica malvada ya que pueden inducir, tergiversar, simular o inventar situaciones para provocarte una reacción emocional y conductual.

Sin embargo, no puedes demostrar que tus fundamentos son ciertos y válidos, por lo que aprovechan la ocasión para dejarte en un terreno de confusión e incertidumbre, donde tú mismo/a empiezas a cuestionar la veracidad de los hechos. No conforme con todo el abuso, el victimario vociferará ante el mundo que la culpa es tuya y que algo anda mal en ti.

Esta situación, sumada al hecho de repetirte una y otra vez la frase «estás solo/a», «mira que nadie te quiere», «no tienes con quien contar», «¿qué harías tú sin mí?», puede terminar poniéndote realmente al borde de la locura, de la desesperación, con sensación de impotencia y viendo muy lejos poder escapar de ese vínculo emocional perverso.

La tortura psicológica de la fantasía de infidelidad

Las familias tóxicas triangulan haciendo comparaciones y complotando entre los miembros para hacerte sentir poco valiosa y poder controlarte por medio de la culpa y el chantaje. Por su parte, las parejas de rasgos narcisistas te colocan al límite de una infidelidad, pues si no la tienen, la crean para mantenerte al pendiente de ellos.

Algunas de las razones por las que el miembro abusador de la pareja tiene el deseo de ser infiel, son las siguientes:

1. Necesita sentirse admirado constantemente.
2. Necesita sentir que no envejece, que aún puede conseguir lo que se proponga y lo que considere que es mejor y le haga más valioso, para presumir. Puede llegar a seducir hasta a las esposas de sus amigos solo para demostrar que es superior.
3. Le encanta el cortejo y el coqueteo para demostrarse a sí mismo que es deseado.
4. Si cree que ya no tiene la atención suficiente porque tú estás cubriendo otros asuntos, llamará tu atención con estas acciones desleales. Escucharás comentarios sobre tu apariencia o sobre la apariencia y habilidades de otras, desaparecerá por ratos, notarás actitudes extrañas o vacíos e incongruencias; todo para que fantasees tú también con el término infidelidad.
5. Tiene miedo al abandono o a ser engañado. Y si ha sido infiel primero, entonces no será tan importante, lo toma como un ataque preventivo. Por esta razón, si intuye que

quieres romper la relación, saldrá rápidamente a buscar personas a quienes cortejar, y te lo dejará saber con pistas intencionales.

6. No sabes con certeza si son simples coqueteos para torturarte o si realmente llegará a dejarte. Muchos no pasan del coqueteo cibernético, pero hay escenarios donde, si consideran que les mejora la imagen o tú ya no «los adoras», entonces fríamente se alejarán de ti.

El tema radica en que te mantiene con la idea de infidelidades, traiciones y mentiras. Te pone en un papel de inseguridad e inestabilidad no solo de pareja sino también familiar. Te veja y humilla haciéndote sentir que no eres lo suficientemente valiosa para ser su pareja. Hasta te abstienes de hacer cosas que te gustarían para evitar que te haga malas jugadas.

Por ejemplo, dejas de realizar un viaje o trabajos importantes que ameritan tu presencia para evitar que él tenga tiempo para salir solo, ya que se ha convertido en poco confiable. La realidad es que es altamente probable que tarde o temprano tengas que admitir que te han engañado. Y depende de ti si quieres permanecer al borde de ese abismo emocional.

Flechas invisibles

Solamente un humano en el planeta es inmune a la acción de un psicópata, y ese es… otro psicópata.
Piñuel

El abusador siempre se va a presentar como la mejor opción, y mientras dure el proceso de conquista se convertirá en tu alma gemela. Pensarás que la vida había sido una película en blanco y negro en comparación con el color que tiene estar a su lado. Pero como ya sabes, todo el cuento de hadas llega a su fin cuando se cae la máscara y comprendes con quién realmente habías estado durmiendo todas las noches.

Cuando ya cohabitas con el abusador empieza un proceso metódico de anulación. Según el doctor Iñaki Piñuel este proceso, cuyo objetivo es dejarte indefenso ante todo lo que el abusador pueda hacer, consta de cuatro fases.

La primera etapa son **las críticas y los juicios**. Aquí empieza a sembrar la semilla de desconfianza hacia tu persona, las críticas a tu aspecto físico son cada vez más frecuentes, mágicamente te empiezas a ver mal para esa persona, no importa qué tanto te arregles.

Las críticas y juicios abarcan desde asuntos importantes para ti hasta cuestiones triviales. Por ejemplo, una mujer me contaba que ella veía novelas latinoamericanas a escondidas de su pareja, pues cuando la encontraba disfrutando sus programas se burlaba de ella diciéndole que eso era de personas tontas, que cómo era posible que ella viera esa programación tan mediocre.

La mujer llegó al punto de dejar de ver la programación que le gustaba, porque pensó que quizás él tenía razón. Ahora ella solo veía películas con su pareja o hijos, anulando así su necesidad de conectarse con su nacionalidad, identidad y deseo.

En esta primera fase, el maltratador empieza a objetar tus creencias y tus valores, no importa si son las mismas que él comparte. Las critica y quiere que cambies, siembra la duda constantemente en todas las decisiones que tomas. Si muestras algún signo de seguridad, puede también cuestionar tu estado mental.

Esto no sucede de forma inmediata sino gradualmente, un poco cada día, porque es la mejor arma que posee, la persistencia. Una vez no puede causar efecto, pero la repetición constante hace que la inseguridad nazca en tu ser. Gota a gota va llenando el vaso de tu destrucción para anularte y lograr que tu autoconcepto se transforme en lo que esa persona quiera.

Sin darte cuenta esto te llevará a la segunda fase, que es **yo tengo la culpa,** ese será tu pensamiento. «Si tantos defectos y cosas malas ve el otro en mí, es porque yo algo de eso tengo». Lo que antes eran dudas ahora son inseguridades arraigadas, ya no confías en tus decisiones y ante cualquier error, así sea de la otra persona, te culpabilizas.

Tal vez en algún momento de lucidez intentes enfrentar a ese ser malvado, pero serás anulada de nuevo con la burla, un «claro que fui yo» o «siempre yo, siempre yo» hará que esa fuerza se esfume. En caso de que la burla no funcione como estrategia, recurrirá al plan B, la violencia y la agresión directa. En muchos de los casos puede ser psicológica, pero en situaciones más graves llega al maltrato físico.

En este punto la producción de hormonas relativas al placer ha disminuido mucho y tu aislamiento ha aumentado. Cada vez serán menos frecuentes esos arranques de lucidez, lo que lleva al siguiente punto.

La vergüenza, el maltrato se convierte en un arma continua, tanto, que ves el mundo a través de los ojos de tu abusador, crees y estás seguro de todas las cosas que él te dice. Te sientes avergonzado de ser quien eres y vas endiosando al psicópata, dándole las gracias por escogerte a pesar de todo.

Tal vez tu último intento sea contárselo a alguien fuera de la relación, pero en este punto ya debes saber que el psicópata es encantador y la percepción pública es que te estás quejando por nada. Lo que termina de sentenciar la soledad a la que el abusador te quiere someter.

Al final solo pensarás que **eres malo o mala,** ya no te defenderás de ningún ataque, no te quejarás, estás a merced de los deseos egoístas que el abusador tenga sobre ti, porque sabe que serás incapaz de buscar ayuda, porque supones que nadie te creerá.

El ser malvado ha logrado su objetivo, te tiene débil, anulado, incapaz de cualquier cosa que implique salir y además te hace creer que es tu culpa y que el malo del cuento eres tú.

El final, la confusión

Después de jugar con tu percepción y de intentar anularte, el abusador se convierte en una caja de sorpresas, nunca buenas.

El comportamiento errático del psicópata crea un ambiente como de arena movediza en la relación, te vas hundiendo en las arenas de la confusión y eso se puede reflejar en varios sentimientos, como los que te muestro a continuación.

- La alegría por el amor que habías encontrado se ha ido convirtiendo en temor a la pérdida de la relación. Nunca te sientes tranquilo.
- En ocasiones te ofrece atención y cariño; en otras, desprecio, frialdad y soledad.
- Tu felicidad ha pasado a ser ansiedad, tristeza y desesperanza.
- Percibes tu relación como complicada, pero no sabes por qué.
- Tomas mucho tiempo pensando en tu relación.
- No sabes en qué punto estás ni cuáles serán sus próximas acciones. Es una incertidumbre constante.
- Te sientes confundido respecto a la relación y le preguntas a menudo qué es lo que va mal, sin obtener ninguna respuesta concreta. Por su parte, se muestra molesto, frustrado y niega su responsabilidad ante los problemas.
- Piensas que hagas lo que hagas todo estará mal, y que no puedes hacerle feliz.
- Aunque te sientas enfadado y frustrado no te puedes permitir expresar esos sentimientos porque piensas que si lo haces responderá con ira desmedida. Tu resentimiento se acumula.

- Te sientes inadecuado. No te sientes válido, digno o merecedor de amor.
- Sientes que tus emociones son controladas a distancia por las palabras o actuaciones de tu pareja.

Toda esta situación de confusión contribuye a la destrucción de tu personalidad y a la alimentación emocional del abusador. Mientras menos centrado y más dependiente te perciba, más poderoso será y recrudecerá su maltrato.

Sentirte así hace que no puedas concentrarte en salir del lugar donde estás, te encuentras tan alerta frente a cualquier acción de la otra persona para intentar recibir el menor daño posible, que salir de esa situación no va a ser fácil, y en definitiva va a dejar sus marcas en ti.

Abuso narcisista

Si bien antes lo he mencionado, me gustaría hacer énfasis en el abuso narcisista o de psicópata encubierto. Este tipo de abuso puede existir de cualquier forma, tanto en relaciones con los padres —la madre sobre todo— como en relaciones de adultos.

En el caso del abuso narcisista parental, tiene que ver con padres que exigen demasiado a sus hijos, sin tomar en cuenta las necesidades de estos y otorgándoles un nulo reconocimiento. En el caso de la pareja, es cuando la misma gira en torno a una sola persona, quitando el elemento dual y haciendo que todo lo que ocurra sea en beneficio de solo una de las partes.

La creación de estos abusadores narcisistas puede relacionarse con elogios excesivos por parte de los padres ante cualquier acción del hijo, dejando de lado la disciplina necesaria dentro de la crianza. Esto puede ocasionar que el niño crezca con horarios impredecibles y comportamientos socialmente negligentes, tornándose cada vez más en un narcisista.

En mi opinión el abuso narcisista es uno de los peores, porque va lentamente dañando a quien lo recibe de manera emocional y mental. En caso más graves puede llegar hasta el abuso físico y verbal.

Y tal vez alguien leyendo esto podría pensar que separándose del abusador sería suficiente, pero no. Debido a los cambios físicos producidos en el cerebro a causa del abuso, las secuelas emocionales pueden durar toda la vida en una persona si no las enfrenta.

Por eso es tan peligroso el abuso, porque va creando personas emocionalmente rotas, que van por la vida sufriendo abusos constantes, aguantando, sin saber por qué se sienten mal, con crisis de identidad, incompletos y sin propósito. Mientras otros se aprovechan de todos los talentos y la bondad que estos seres emanan.

Antes mencionábamos el **vínculo traumático,** que es aquel que se establece entre un abusado y un abusador, y no es para nada fácil de romper porque el abuso narcisista se da con personas con las que estamos ligados fuertemente de manera emocional. Si estás tratando de romper con una relación de abuso no te juzgues, es entendible que te cueste muchísimo romper ese vínculo, y si ya lo rompiste, lo primero es felicitarte, después decirte que es normal que aún presentes secuelas y heridas de esa relación.

El vínculo traumático se basa en dos parámetros:

Desequilibrio de poder: este desequilibrio se da cuando uno de los implicados empieza a generar una relación desde la coacción, el abuso de poder y el daño hacia el otro. Esto hace que la parte que recibe el daño empiece a valorarse de forma negativa, y lentamente su autoestima vaya mermando, lo que crea un vínculo enfermizo. Porque al yo no valorarme, necesito a otro que sí lo haga, aunque me haga daño.

Intermitencia del maltrato: en una relación de abuso narcisista, no siempre se está mal o en maltrato, sino que existe una intermitencia en el comportamiento del abusador, algunas veces puede bombardearte de amor, en otras desaparecer por días, decirte cosas horribles y después regresar a tratarte como si fueras un príncipe o princesa. Esto va generando tensión porque no sabes cómo puede reaccionar al siguiente, o al otro día, lo que crea un estado de alarma constante.

Las personas empiezan a ser premiadas y castigadas, dependiendo del capricho y necesidades del abusador. Como ya hemos visto, los cambios en el cerebro se manifiestan en el carácter y la persona abusada tiende a buscar la aprobación constante de su abusador, dando muchísimo más de sí para recibir esos premios, cuando en realidad se trata de una relación tóxica que va dejando a la persona sin el oxígeno emocional.

El abuso constante no solo crea vínculos dañados, también crea lo que llamamos una **distorsión cognitiva.** Esto sucede cuando las personas siendo víctimas de tantas y tantas humillaciones, culpas y críticas comienzan a percibir la verdad de manera errónea, dando como resultado una interpretación de la realidad como un lugar peligroso, solitario y abrumador.

Esto desencadena pensamientos y sentimientos que son altamente perjudiciales para quien los tiene, afectándolo de manera profunda y afianzando lo que el abusador quiere que crea, que es un «bueno o buena para nada».

Existen varios tipos de distorsión cognitiva:

- Sobregeneralización: si tienes un mal día en el trabajo, entonces asumirás que no eres lo suficientemente bueno. Si en una materia obtienes una calificación deficiente, entonces esto indica que no sirves para la carrera y saldrás mal en todo.
- Catastrófico: siempre anticipas que sucederá el peor escenario. Si te llama tu jefe será para decirte que estas despedido, o para recibir una mala noticia.
- Comparación: tú siempre serás mucho peor que los demás. Te comparas con personas de tu mismo ámbito, pero siempre te sentirás en desventaja. Comparas tu cuerpo con otras y verás solo tus defectos.
- Tomas las cosas de manera personal: cualquier comentario que puedas escuchar, gestos faciales; serás hipersensible a todas las señales y percibirás que te están criticando a ti.
- Opiniones externas: tu valor lo determina la opinión que los demás tengan de ti.
- Te centras en los «debería» o en el «tengo que»: jamás valoras la opción «quiero», solo haces las cosas que consideras que satisfacen a los demás y tienes un grado ex-

cesivo de responsabilidad, olvidándote de tus necesidades personales.

- Adivinar: pronosticas el resultado negativo e incluso con este pensamiento induces a que efectivamente lo que te planteaste te salga mal.
- Etiquetas: «soy una tonta», y de ese mismo modo puedes ir descartando a los demás sin siquiera conocerlos. «Es una engreída».
- Razonamiento emocional: cuando las emociones son formadas basándose en lo que sientes en el momento.
- Pensamiento polarizado: todo o nada. Blanco negro. Si llamas a alguien y no te responde, enseguida piensas que no le importas. No hay puntos medios.

Además de las distorsiones, también existe la **disonancia cognitiva,** y esta ocurre cuando, como medida de protección, las personas que sufren logran convencerse de que el otro en serio las ama y todo lo que pasa se lo merecen o directamente lo niegan.

Todo abuso genera altas cantidades de estrés y traumas en quien lo recibe, en caso del abuso narcisista, te presento algunos síntomas psicológicos que presentan las personas con estrés postraumático causado por el abuso.

- Sensación constante o intermitente de peligro o amenaza.
- La pérdida de la relación de pareja, hijos o familia.
- La ruina de su carrera profesional, o pérdidas económicas.
- Pérdida de su salud y muerte.

- Inconciencia o ingenuidad: la persona no es consciente del problema de abuso hasta cuando ya es tarde y han aparecido daños económicos, emocionales y psicológicos.
- Negación para admitir que su pareja posee una moral dudosa o personalidad psicopática.
- Vivencia de pánico o terror. Algo malo va a pasar.
- Imposibilidad de emprender nuevas relaciones afectivas o de pareja. No confían en nadie.
- Alteraciones de memoria y amnesia defensiva.
- Pérdida de la concentración.
- Focalización y obsesión en los vínculos afectivos, eclipsando todas las demás áreas de interés de tu vida.
- Aislamiento social y personal.
- Anhedonia. Incapacidad para sentir placer.
- Insensibilidad o despersonalización.
- Abandono personal y profesional.
- Insomnio retrógrado o despertar temprano.
- Irritabilidad e hipersensibilidad a la crítica.
- Hipervigilancia.
- Ideas suicidas. Sensación de estar muerto en vida.

Otras consecuencias que presenta el estrés postraumático son los ***flashbacks* emocionales,** episodios en que se recuerdan de forma espontánea y esporádica momentos de sufrimiento y sus consecuencias, es decir, sensación de pequeñez, sentirse indefenso o defectuoso.

Las **críticas internas** y la **vergüenza tóxica**, ambas referidas a destruir la autoestima. Luego de salir de este tipo de relación o al darse cuenta de que se está en una, la persona empieza a cuestionarse cómo es posible que dejara que eso sucediera y le da pena de exteriorizar lo que siente y lo que padece.

Esta vergüenza crea una sensación de inutilidad y de odio hacia sí mismo por no poder salir de esa situación, lo que perpetúa el abuso y lo puede agravar porque el abusador sabe que su víctima se siente inferior y no es capaz de buscar ayuda.

Otros síntomas comunes son la falta de lucha a causa de los constantes abusos, el autosabotaje por parte del abusado debido a su baja autoestima y la incapacidad de expresar sentimientos de forma verbal.

Por último, está la **ansiedad** llevada a todas sus facetas, generando daños físicos, mentales, emocionales, conductuales y sociales.

Ya hemos conocido en profundidad cómo piensan y pueden llegar a sentir los abusadores. A partir del capítulo siguiente nos concentraremos en ti, para poder ayudarte con tu sanación.

Notas reflexivas

Te invito a que escribas en las líneas que verás a continuación, las ideas, reflexiones o sensaciones que van emergiendo en ti. Esto te permitirá poner orden y claridad a tus pensamientos y emociones.

¿De qué te has dado cuenta con la lectura de este capítulo? ¿Cómo podrías convertirlo en un elemento positivo de crecimiento y en defensa de tu felicidad? Colócale nombre a las emociones que emergen de ti.

Capítulo 4

Convierto mis heridas en alas

El hombre se autorrealiza en la misma medida
en que se compromete al cumplimiento del sentido de la vida.
Viktor Frankl

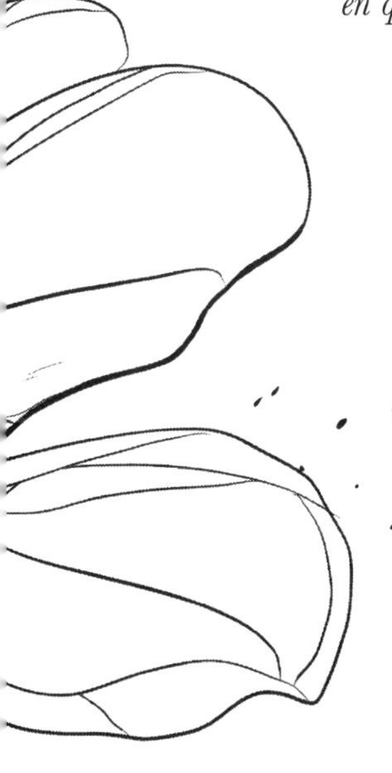

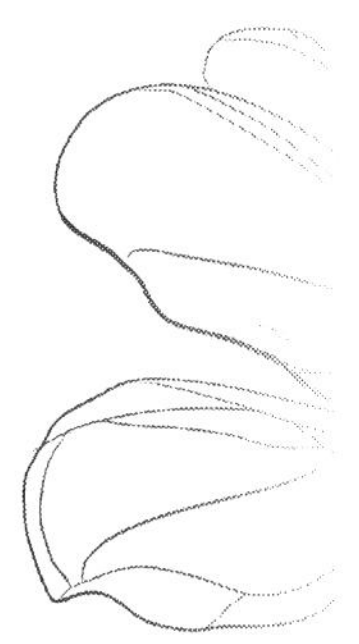

En este capítulo vamos a concentrarnos en ti. Porque sanar implica indagar y buscar con lupa aquello de lo hemos estado huyendo y que ha estado guardado en un baúl oscuro, pues representa lo que no queremos ver o simplemente el ritmo de la vida no te ha permitido darte ese tiempo de autoexploración personal. Es el momento de conocerte. Para esto, necesitamos revisar y entender en profundidad ciertos conceptos.

"La mayoría de las personas no quieren libertad porque la libertad implica una responsabilidad y la mayoría de las personas tienen miedo de la responsabilidad". Esto es del aclamado Sigmund Freud y encierra una verdad universal.

Muchas de las mujeres y hombres que mantienen vínculos dañitos emocionalmente, eligen exigir cambios en los otros, exponen las heridas con el deseo de ser sanadas, porque suele ser más sencillo permanecer en el rol de la víctima, ya que no implica más que quedarse quieto, mantener la esperanza y un deseo insatisfecho, y exime de ejecutar algún cambio personal. Hoy es pertinente decidir salir del rol de víctima.

Si te han lastimado, acepta que lo has permitido. Es momento de darle paso a la responsabilidad, a tomar las riendas de tu vida. Culpar, quejarte y permanecer en el rol de víctima, deseando que las personas que te rodean cambien, es una posición cobarde y hasta ingenua de tu parte.

El crecimiento empieza cuando tomas el riesgo y la valentía de salir de lo que te causa malestar, pues, en este punto, ya no te sirve de nada, o en el peor de los escenarios, te sirve solo para generarte malestar. Indagar, develar sobre ti mismo y tus relaciones te ha permitido reflexionar y poner orden; es tiempo de darle paso al cambio, a no permitir más el abuso hacia ti mismo. Es hora de crear la vida que crees merecer, con acciones que vayan en coherencia con tus objetivos y con el estilo de vida que sueñas.

Tomar acciones concretas es crear tus propias circunstancias. Acepta que los errores son parte del camino de la vida y honra las decisiones correctas que has tomado. Cuanto más reconozcas tus éxitos del pasado, más aumentará tu autoestima y emergerán tus fortalezas innatas.

Puede que en el pasado hayas sido vulnerable a tu familia, a tus parejas o amigos, pero ahora NO. Ahora, trabajar en tu autoestima, modificar tus creencias y regular tus emociones depende solo de ti. Las mejores decisiones están en tus manos, ahora. La diferencia entre las personas que alcanzan sus propósitos y las que no, es la acción. Aceptar la responsabilidad es tomar el poder sobre tu vida.

Enamórate de ti, aumenta tu autoestima

Con frecuencia usamos este término, pero no sabemos qué significa ni cómo se construye, «mi madre me dice continuamente que no tengo autoestima y por eso sufro tantas inseguridades con respecto a mi cuerpo», «en mi trabajo, mi jefa me dice que si expongo mis ideas con seguridad podría lograr grandes contratos, que trabaje en mi autoestima», «cuando me quedo callada ante las exigencias impuestas siento que no tengo autoestima o dignidad, mi hermano me lo ha hecho saber varias veces». Parece que usaran el término para juzgarte y con un mensaje oculto de inferioridad o defecto.

La autoestima es el valor subjetivo que tengo sobre mí. El detalle es que está construida por dos aspectos; el primero, por los mensajes que hemos recibido durante la infancia: valía, respeto, independencia, eficacia. Y el otro aspecto, el cual está sometido a la influencia del primero y son mis propias experiencias, creencias y esquemas.

Si nuestra vida se ha regido por las críticas, las comparaciones y una forma de amar condicionada, ¿cómo el niño, ahora adulto, podría contar con respeto y confianza en sí mismo?, ¿cómo una mujer que ha sido maltratada sutilmente de forma psicológica, aislada y echada a la soledad o a una indiferencia insana podría mantener su autoestima intacta, si ha recibido mensajes orientados a quitarle su valor como persona?

No somos resistentes al daño, pero por suerte podemos hacer cambios en nuestras propias creencias. Sin embargo, depende de gran esfuerzo y constancia. Lo bueno de todo esto es que siendo ya adulto, seguramente pusiste a prueba las creencias sobre ti mismo, y te diste cuenta de que has tenido éxito en varios aspectos, que has podido lograr grandes cosas.

El objetivo es trabajar sobre la autoestima para apagar la voz interna que te acompaña, la cual no te deja disfrutar de tus talentos y fortalezas, y por más que logres muchas cosas, siempre te sientes insuficiente, juzgada y que tus logros tienen poco valor.

La autoestima es la forma en que nosotros nos percibimos, es decir, el cómo vemos que somos capaces de enfrentar las situaciones que la vida nos presenta. Una sana autoestima nos ayuda a generar resultados satisfactorios en el trabajo, el amor y en la vida en general.

Si tenemos suficiente respeto por nosotros y confianza en nuestras capacidades, sabremos a qué podemos enfrentarnos y a qué no. Estar conscientes de esto no hace que aceptes todos los retos, sino que seas más sabio a la hora de asumirlos, además de saber cuáles son tus herramientas implícitas.

Las investigaciones demuestran que el valor que se otorgue una persona es equivalente al que le hayan asignado los miembros más cercanos de su familia. Por ende, la apreciación de los cercanos influye en la autovaloración de cada miembro. Esto significa que la autoestima es una creación mutua, porque mis cercanos influyen en mi forma de verme de la misma manera que yo influyo en cómo ellos se ven a sí mismos. De ahí la importancia de relacionarnos de manera sana con nuestro entorno.

Nuestra autoestima como evento social pertenece en primera instancia a nosotros y a nuestra familia, pero mientras vamos creciendo se le suman otros factores como el colegio, el trabajo y la pareja. Es fundamental tenernos en alta estima nosotros mismos, de manera que no necesitemos siempre de un estímulo externo para ser personas funcionales y felices.

Los siguientes son cuatro factores que inciden en el desarrollo de la autoestima.

> **Significación:** pertenece a la información externa y es como tú sientes que eres apreciado por aquellos que te rodean.
> **Competencia:** es la capacidad de ejecutar tareas importantes de manera satisfactoria. Mientras más tareas seas capaz de cumplir, más se beneficiará tu autoestima.
> **Virtud:** representa los logros que la persona obtiene siguiendo los preceptos morales y éticos que ella misma se haya impuesto a lo largo de su vida. Mientras se mantenga dentro de las reglas la autoestima no se afecta, ya que no se genera conflicto.
> **Poder:** representado por la influencia que tienen los demás sobre nuestra vida y la que nosotros tenemos sobre la de los otros.

Mediante tácticas como el aislamiento, las personas que no saben amar buscan enturbiar la visión que puedas tener de ti, para de esa forma ser ellos los únicos que puedan moldear tu personalidad, teniéndote siempre en una perspectiva desfavorable, aumentando de una forma enferma su propia autoestima y disminuyendo la tuya. Con cada malestar y reacción emocional negativa, más te controlan.

Tener respeto y confianza en ti mismo es amarte. Hasta las religiones más importantes afirman que Dios nos dejó un mandamiento: «Ama a tu prójimo como a ti mismo». Dice «como a ti mismo», todo empieza por ti, pues si tú no aprecias lo que vales, ¿cómo tienes esa idea ilusoria de que los demás te respetarán o serás percibido con gran valor?

Una joven tiene el deseo que sus obras sean expuestas en una galería de arte, pero cuando le toca enviarlas a revisión, ella decide no hacerlo porque piensa que no son tan buenas. ¿Cómo logrará su sueño de exponer sus obras si ella misma las guarda por insuficientes? ¿Cómo los demás podrían apreciarlas? Lo mismo pasa con nosotros, por esa razón la insistencia en que todo empieza por ti. En el último capítulo te invito a revisar tus pensamientos y modificarlos para que logres ver tu valía.

Dimensiones que componen la autoestima

La autoestima influye en todas las decisiones que tomamos en nuestra vida.

Autoconcepto

Si la autoestima es la unión de la confianza y el respeto que nos tenemos, el autoconcepto es la imagen que creamos de nosotros, es la definición íntima y personal que manejamos para poder enfrentarnos al mundo.

Este concepto de nosotros resulta de la unión de dos percepciones: la externa, que representa todos los estímulos que provienen de afuera, y la interna, que representa nuestro esquema de valores, historias y experiencias pasadas. Del autoconcepto depende la manera en que podemos reaccionar frente a ciertas situaciones.

Por ejemplo, frente a la desvaloración de alguna persona, tal vez una pareja que nos diga «inútil» en un evento público, ya tenemos el estímulo externo, las palabras de descalificación, solo falta saber cómo están nuestra autoestima y nuestros valores para generar una respuesta. Si estamos en una relación abusiva probablemente agachemos la cabeza y aceptemos ese comentario, en cambio, si nuestra visión es alta y tenemos un autoconcepto sano podremos dar un parado a este abuso y de presentarse más, separarnos del abusador.

¿Cuáles son los factores que forman una autoestima pobre?
Ten en cuenta que no se trata de eventos aislados o circunstanciales, las afirmaciones que se dan a continuación siguen un patrón y son cotidianas en nuestras familias. No tienen que aplicar todos los ítems, con que alguna idea de éstas haya regido tu vida es suficiente.

1. Utilizar el amor como factor de poder o dominio para satisfacer necesidades personales de los padres.
2. Abrumar al hijo con una carga de gratitud y sentido del deber por los bienes recibidos.
3. Tratar al hijo como un juguete emocional, impidiéndole de esta manera alcanzar mayor madurez.
4. Prolongar su propia juventud más allá del tiempo debido.
5. Ser excesivamente severo y autoritario y negarse a permitir al hijo abandonar su papel de sumisión.
6. Ser un padre demasiado débil y dispuesto a ceder, e incapaz de aceptar sus responsabilidades.
7. Si la madre es la más fuerte de los progenitores, no solo representa el amor, sino también la autoridad. Con esto hace al hijo más difícil desprenderse y establecer su in-

dependencia. Puede temer al poder de las mujeres y someterse a perder su actitud masculina. O romper por completo el vínculo y subvalorar persistentemente a las mujeres en un esfuerzo por negar su poder sobre él.

8. Ser madre suspicaz e irresponsable hacia el padre, pudiendo crear en la hija una actitud inconsciente similar hacia los hombres.
9. Adoptar el padre actitudes impropias que ocasionen que la hija espere procederes similares de los hombres en general.

Todas estas condiciones dentro de la familia son las que crean adultos débiles, inmaduros y susceptibles a abusos por parte de personas malvadas que sepan explotar estas debilidades.

La dualidad, nuestra compañera

A veces se viste con su locura, sonríe mientras recuerda
y baila con su desastre. A veces es fuerte y otras veces llora;
a veces tiene miedo y otras veces se enamora.
A veces solo quiere detenerse, apagarse un poco y rendirse
ante sus heridas; otras veces quiere intentarlo hasta el final
y amarse sin medida. Así es ella, siempre tan libre, tan valiente
y tan bella. Tan de sí misma y tan de nadie.
Ella y su magia

Las dualidades del ser humano nos enseñan que no es posible quedarnos con solo un lado, debemos encontrar el equilibro y la integración entre dos grandes fuerzas que luchan constantemente dentro de nosotros: la emoción y la razón. Ser uno mismo consiste en ser la síntesis de los opuestos. Para Rogers (1977):

> Al parecer el individuo logra poco a poco ser el proceso que es realmente en su interior de manera consciente y aceptándolo. Deja de ser lo que no es, es decir, se despoja de sus máscaras. Ya no intenta ser más de lo que es, con los consiguientes sentimientos de inseguridad o defensa exagerada que ello supone. Tampoco trata de ser menos, puesto que esto acarrea sentimientos de culpa o autodesprecio. Presta atención a lo que ocurre en los niveles más profundos de su ser fisiológico y emocional y descubre cada vez es mayor su deseo de ser «el sí mismo» que efectivamente es y de realizarlo con mayor exactitud y profundidad.

Para lograr ser tú mismo requieres el conocimiento, identificar tu autoconcepto de manera consciente e inconsciente. Reconocer máscaras y rigideces con las que vas cargando; implica la angustia de no poder enfrentar determinadas situaciones de dolor, de las que desconoces su origen. El dolor se produce en la incongruencia entre lo que crees, lo que quieres ser y lo que en realidad eres. Pero este sufrimiento surge del deseo de ser otro y no tú mismo. O de querer ser tú mismo desesperadamente.

Tu peor enemigo, el autosabotaje

Algo que hemos recalcado a lo largo de este libro es que salir de las relaciones con abuso no es fácil, la persona que no sabe amar hace que la salida sea tortuosa, pero en muchos casos el otro no es nuestro único enemigo, existe uno mucho más cercano, y somos nosotros.

Todas estas acciones son inconscientes y se desatan de manera automática por razones como el miedo al cambio y a lo desconocido. A nuestro cerebro no le gusta verse fuera del control y sabe que la relación te hace daño, pero no sabe qué pasará si la dejas. Antes de empezar a tomar acciones necesitas elevar tu autoestima y crearte un autoconcepto sano, que te permitan afianzarte en tu decisión y desechar todos esos estímulos internos que pueden hacerte caer en el camino.

Tal vez ya tomaste la decisión de separarte y alejarte de ese vínculo, pero por algún motivo no logras tomar las acciones necesarias, por eso es fundamental que primero reconozcas tus lados claros y oscuros.

El autosabotaje es uno de los obstáculos más grandes, porque depende enteramente de ti. Tal vez puedas preguntarte: «¿En qué forma podría yo sabotearme?». Pues comparándote con personas que sabes están débiles o buscando consejo en aquellos que quieren derrumbarte, muchas veces con el abuso de sustancias lícitas o ilícitas para intentar calmar la ansiedad o en casos más graves llevar las heridas internas al plano físico, causando lesiones a tu cuerpo «que me duela el cuerpo más que el alma».

Hay muchas formas de autosabotearte y arruinar el logro de tus metas, aquí te describo algunas:

1. Mantenerte en el deseo y no tomar acción.
2. Mantener una actitud autocompasiva o de victimización.
3. No expresar emociones.
4. Rechazar ayuda.
5. No finalizar las cosas. Iniciar un gran número de retos o proyectos los cuales acabas dejando a medias, o incluso abandonados.
6. Procrastinar, posponer las tareas para otro día, dar importancia a otros asuntos. Las metas personales no están en la escala de prioridades.
7. Perfeccionismo, jamás estar satisfecho con lo que se hace, por lo que es difícil terminarlo.
8. Excusas. Buscar explicaciones y razones.
9. Consumo de alcohol y drogas.
10. Dificultad para el manejo del tiempo. No priorizar.

Formas de escape: los excesos

Existen muchas formas de callar momentáneamente nuestra voz interior, la más común es el consumo de sustancias como el alcohol, el cannabis o comidas con alto contenido calórico. Todo esto va asociado siempre a situaciones de baja autoestima o de depresión, es una forma de darle a nuestro cerebro esos neurotransmisores de placer que no es capaz de producir.

Puedes llegar a estos extremos sin darte cuenta, quizá cada vez que te sientes mal te comes un dulce y eso se hace rutina, pero te sientes mal más seguido y entonces comes más dulce, hasta que llega el punto donde no puedes vivir sin tener azúcar en tu cuerpo. Como este ejemplo lo mismo pasa con el alcohol, al principio puede ser algo social, pero lentamente se convierte en rutina y en la forma de evadirse de una realidad que aterra y no queremos enfrentar.

La dependencia también se puede dar en consumos de otro tipo, por ejemplo, la adicción a ver series y películas o a los videojuegos. De ninguna manera estoy diciendo que hacerlo como medio de recreación esté mal, pero cuando se usa la recreación como método de escapar de la realidad es cuando se tiene un problema.

En ciertos casos existe una causa genética que predispone a algunas personas a caer más fácilmente en la adicción que otras, pero esto no es una sentencia, es solo una posibilidad entre muchas. Los casos genéticos son pocos, en cambio situaciones de estrés, depresión y baja autoestima son las principales causantes de caer en las adicciones.

El Dr. Garbor, galardonado en el 2018 con la orden de Canadá, afirma que «toda adicción está arraigada en el trauma». Estoy totalmente de acuerdo, crecer en una familia abusiva coloca a la persona afectada a un paso de caer en algún tipo de adicción para ocultar el dolor.

Existen otras adicciones aparte del abuso de sustancias, por ejemplo, la adicción al sexo busca lo mismo que aquellos comedores emocionales, estimular el cerebro para generar un placer que saben momentáneo y por eso cada vez tienen más sexo o comen más, porque el cerebro necesita más estimulación para liberar esos neurotransmisores.

Del otro lado también se puede dar el caso de personas que no consumen ningún tipo de alimentos, prefieren morir de hambre, porque el dolor físico no es comparable con el dolor emocional que sienten. Buscan acabar con su vida.

Existe un viejo refrán que dice: «todo en exceso es malo». Y en este caso considero que es verdad, el exceso o abuso puede generar placer, pero este es otra mascara para no enfrentar lo que realmente nos está haciendo daño. La diversión, comer comidas sabrosas y grasosas, el alcohol, pueden ser buenos siempre y cuando estén medidos y no sean métodos de escape y autoengaño.

El camino: conciencia, gestión y regulación emocional

No caer en excesos no es tarea fácil, pero dentro de ti está la respuesta, y es que puedes regularte. Recuerda que quien tiene el control de tu vida eres tú y nadie más. Puedes regularte usando diferentes técnicas, algunas te las daré en el capítulo seis, pero antes es importante que puedas identificar qué es lo que sucede dentro de ti y para eso puedes seguir los siguientes pasos:

1. Ser consciente de la emoción: tienes que saber qué te hace sentir la situación, dedicándole la atención necesaria para poder traer esa emoción de la parte más primitiva a la racional.
2. Aceptar: no tenemos que juzgar lo que sentimos, así en un pasado hayas aprendido que no debes sentirte triste o molesto, no debes juzgar lo que sientes, tienes que aceptarlo primero para poder trabajarlo.
3. Etiquetar: sin juzgar, colócale un nombre a la emoción. Es común confundirse a veces por no estar acostumbra-

dos, decir que estamos molestos, cuando estamos tristes. Este paso es fundamental porque mientras más intensa es la emoción, más complicado es controlarla.

4. Reflexión: una vez nombrada, detectar qué pensamos respecto a los demás y a nosotros mismos cuando nos sentimos de esa manera. Mientras más reflexionemos sobre lo que sentimos, será más sencillo mantener la emoción a raya.
5. Estrategias: buscar la mejor forma de liberar esa emoción, sin hacerle daño a otros ni dañarnos a nosotros. En el capítulo seis ahondaremos más en esto.

Aprender a regularnos no garantiza que alguna emoción no se salga de control, pero hace que esto sea menos frecuente y que llegado el momento sepamos lidiar con esa parte de nuestro ser que es más emocional y primitiva. Además, nos ayuda a no caer en trampas que coloca nuestro inconsciente en el proceso que estamos viviendo.

El duelo de lo idealizado

¿Duelo? ¿Quién se murió? Se murió la idealización, murió el engaño y esa creación que podías tener de tu pareja o de esa familia que creías perfecta, murieron muchos conceptos que creías te perseguirían para toda la vida. De cierta manera murió una parte de ti, para poder renacer con más fuerza.

Te diste cuenta de que no te han sabido amar y por el camino que lleva a la libertad perdiste una relación, y la etapa del duelo es lo que sigue a esa pérdida. Es la forma de adaptarte a tu nueva realidad. Según Sigmund Freud, el duelo es «la reacción frente a la pérdida de una persona amada o de una abstracción equivalente», entonces date el permiso de vivirlo.

El duelo tiene fases, el tiempo que te tomen es único y personal, necesitas vivir cada una de ellas para poder ir sanando. Te aconsejo, no te apresures, escúchate y siéntete, el bienestar no llega de un día para el otro. No estás en una carrera, la única meta es lograr tu sanación.

Negación: cada maltrato, humillación, vejación ha sido pasado por alto, piensas que eso es lo normal, buscas en cualquier pequeño gesto ese amor que deseas para poder justificar tu permanencia en ese lugar. Te aferras como un ahogado a esa última burbuja de oxígeno, pero en lo profundo sabes que está mal, negar lo que pasa es lo que te ha mantenido unida a este tipo de relaciones. Es momento de aceptarlo para poder seguir adelante.

Ira: pero cómo he podido estar tanto tiempo en este sitio, es culpa del otro, es mi culpa, es culpa de la situación. Puedes pensar eso después de abrir los ojos, empiezas a buscar culpables, a sentir molestia, frustración, a usar la violencia, a hacerte preguntas de las que ya sabes las respuestas. Al final el único culpable eras tú y eso te genera molestia.

Depresión: luego de la tormenta viene la calma, después de la explosión de ira te invade un sentimiento de abatimiento, tristeza y rabia, ya no explosiva, sino reflexiva. Puedes sentir ganas de llorar y debes permitirte hacerlo, sin juzgar.

Aceptación: cuando puedas asignar las responsabilidades a quien lo merezca sin rencor, habrás aceptado tu situación, sabrás que no eres el o la culpable de todo lo que sucedió, solo fuiste presa de alguien que no sabe amar.

Es importante que este proceso sea personal, porque si llenas de reproches a la persona abusadora solo le estarás dando poder; como ya sabes, lo que busca es desestabilizarte emocionalmente y retrasar tu proceso a un mejor futuro. Es de valientes aceptar, además de ser el primer paso para la transformación genuina que estás comenzando y que será el legado para las futuras generaciones.

Abrazar el miedo

Después de aceptar y comenzar a sanar, puede introducirse otro enemigo a la ecuación: el miedo. Como ya sabemos, tu cerebro no quiere cambios y empezará a presentarte escenarios catastróficos sobre si llegas a salir de la relación en la que te encuentras.

La economía, los niños, la vivienda, todos factores válidos y tienes que tomarlos en cuenta a la hora de cortar con vínculos afectivos, pero mi recomendación es que no te abrumes, recuerda que antes de tomar una decisión necesitas reflexionar.

Tal vez tengas que aguantar un poco más la circunstancia, pero esta ya no te puede hacer el mismo daño, porque ahora sabes cuánto vales, y es mucho. Puedes aprovechar este tiempo para hacer los planes de separación, así en el momento definitivo ya tengas un plan de acción estructurado y listo para ejecutarse.

De esta manera puedes aliviar el miedo que causa lo desconocido de empezar una nueva vida.

Cuidado con la desesperanza aprendida

Este término lo usó por primera vez Seligman, quien lo acuñó para referirse a un estado en que la persona se siente indefensa, cree no tener control sobre la situación y piensa que cualquier cosa que haga será inútil.

Como resultado, permaneces pasiva ante acontecimientos dolorosos, incluso cuando tienes la posibilidad real de cambiar esas circunstancias. Se trata de un estado psicológico de indefensión que puede llegar a ser muy incapacitante.

Esta dinámica surge en familias con padres muy autoritarios, cuyos hijos terminan por aceptar toda clase de situaciones por sentir que no merecerá la pena tratar de controlarlas. También dentro de una relación de pareja donde pese a tus esfuerzos no eres escuchado, sino menospreciado y anulado. Esto te llevará a aceptar y creer que no puedes salir de una situación, creando una percepción de incapacidad.

Pregúntate siempre tres cosas ante un problema: ¿Cómo puedo evitarlo? ¿Qué he aprendido de esta situación? ¿Existen otras soluciones que no me he planteado? Ante un problema ya ocurrido y finalizado, es útil imaginar un escenario en el que aún no ha terminado, para pensar sin estrés en las soluciones que le daríamos.

Piensa en ti: muchas veces, las personas con indefensión aprendida han desconectado de sí mismas y se han desatendido, pensando más en las consecuencias de sus actos y en complacer a los demás. Es importante reflexionar acerca de uno mismo y tomarse a diario un momento para estar a solas.

Podemos asumir que la indefensión aprendida actúa de tres maneras.

- Indefensión motivacional: falta de respuesta para encontrar un modo de dejar atrás o defenderse de una situación negativa.
- Indefensión cognitiva: los pensamientos de la víctima asumen que todo está fuera de su control.
- Indefensión emocional: estado deprimido, desmotivación debido a la creencia de que no se puede hacer nada ante esa circunstancia adversa.

Cómo te haces indefenso por aprendizaje en pareja:

- Aparecen los malos tratos psicológicos: agresión verbal, celos, insultos, gritos, etc.
- La víctima empieza a recibir el impacto de estos hechos de manera continuada. Se da cuenta de que si reacciona, corre el riesgo de sufrirlos nuevamente de manera más intensa.
- El maltratador o maltratadora, puede mostrar después una conducta de arrepentimiento y hacer la promesa de que no volverá a suceder. La otra persona lo cree y continúa con la relación.
- Sin embargo, al poco tiempo vuelve a darse un episodio violento y la víctima asume entonces que no hay salida. Lo mejor es aceptar la situación y no reaccionar.

Recordando que vienes cargado de mensajes de pasividad e insuficiencia. Con miedo de afrontar una vida en “soledad” y a pesar de tus intentos fallidos por ser escuchada, al paso del tiempo asumirás que eres incapaz de cortar un vínculo insano, sabes que estás siendo herida, no quieres estar ahí, pero piensas que no eres capaz de sobrevivir sola. O tal vez te de miedo ladear con un panorama tan complicado.

Una mujer le explicaba a su marido la necesidad de que hiciera unos trabajos en la casa, que ameritaban arreglo de manera rápida para evitar la invasión de insectos. Una vez que le pedía que por favor se sumara a las labores del hogar él empezaba a gritar y vociferar excusas y razones por las cuales no lo iba hacer en el momento, ella debía esperar, pues era una exagerada.

Finalmente se agravaba una petición en un gran conflicto. Ella quedaba sin resolver y además insultada, gritada y tratada como loca. Esta situación se repitió varias veces por razones insignificantes y cotidianas, hasta que llegó el momento en que ella antes de molestarlo asumía la responsabilidad o buscaba soluciones alternas. Poco a poco aprendió que no iba a conseguir su apoyo y sencillamente dejó de intentar porque sería inútil y hasta contraproducente.

Lo mismo sucede ante el deseo de salir de un vínculo traumático, hacer valer tus ideas o necesidades y hasta emprender un negocio. Has recibido tantas negativas o tus esfuerzos no han dado frutos que simplemente te vuelves indefenso ante cualquier evento, ya no lo intentas.

El cuerpo nunca miente

Los ojos no necesitan ver lo que el corazón presiente.
Anónimo

La incapacidad para comunicar nuestros sentimientos puede pasarnos una factura que no podemos imaginar. Todas las emociones que no somos capaces de expresar, no se van, sino que se quedan en nuestro cuerpo esperando para explotar como dolencias.

No ser capaces de hablar sobre cómo nos sentimos va creando abismos gigantes y nuestro cuerpo es la principal víctima, porque es quien sufre las consecuencias. En casos de familias abusivas, los hijos prefieren sufrir de dolores constantes antes de recriminar a sus padres o expresarles sus sentimientos. Por eso es importante conversar sobre lo que sentimos: no solo evita dolores en el alma, sino también en el cuerpo.

Aun sabiendo que la conversación es importante, existen padres que piensan que un golpe como castigo está perfecto, y se suelen poner como ejemplo ellos mismos. Sería interesante ver qué clase de dolores crónicos padecen, para hacerles comprender todo lo dañino que pueden ser los traumas no resueltos.

Es importante aclarar que existen enfermedades que vienen por condiciones genéticas, ambientales y no por alguna emoción reprimida, pero en este apartado me enfoco en estas últimas por su relevancia para el libro.

La somatización no es solo la recreación de dolores pasados, también puede ser la representación física y tangible de situaciones presentes. Por ejemplo, personas que al tener altas cantidades de trabajo sufren de dolores de cabeza y fiebre, por no poder decir que se encuentran estresadas; o tener vómitos antes de un acto importante, para ocultar los nervios. Estas son formas que posee nuestro cuerpo de gritarnos las verdades que nuestra mente quiere ocultar.

Existe un contexto clínico en el cual la somatización responde a un proceso cognitivo, afectivo y conductual, en el que las personas a manera de respuesta en situaciones de mucho estrés presentan ciertos síntomas que relacionan con enfermedades médicas y no con emociones reprimidas.

Deben cumplirse todos los criterios[2] que se exponen a continuación, y cada síntoma puede aparecer en cualquier momento de la alteración:

- Cuatro síntomas dolorosos: historia de dolor relacionada con al menos cuatro zonas del cuerpo o cuatro funciones (cabeza, abdomen, espalda, articulaciones, extremidades, tórax, recto; durante la menstruación, el acto sexual o la micción).
- Dos síntomas gastrointestinales: historia de al menos dos síntomas gastrointestinales distintos al dolor (náuseas, distensión abdominal, vómitos sin embarazo), diarrea o intolerancia a los alimentos.
- Un síntoma sexual: historia de al menos un síntoma sexual o reproductor al margen del dolor (desinterés en el sexo, disfunción eréctil o eyaculatoria, menstruaciones irregulares, sangrado excesivo, vómitos durante el embarazo).

2 Estos criterios fueron tomados de manera literal del *Manual diagnóstico y estadístico de los trastornos mentales (DSM-5).* APA 2013.

- Un síntoma pseudoneurológico: historia de al menos un síntoma que sugiera un trastorno neurológico no limitado al dolor (conversión, dificultad para deglutir, sensación de nudo en la garganta, afonía, retención urinaria, alucinaciones, perdida de la sensibilidad táctil y dolorosa, diplopía, ceguera, sordera, convulsiones; síntomas disociativos como amnesia; perdida de la conciencia diferente al desmayo).

La intuición como salvavidas

... es sin dudarlo allí, en el fuego interno de cada persona,
en las situaciones con mayores implicaciones y más extremas,
donde la intuición revela su auténtica riqueza, ejerce su papel
más auténtico: cuando el hombre se enfrenta a sí mismo.
Para tomar decisiones fundamentales que comprometen
su trayectoria futura, todo su ser súbitamente atento a la menor
señal, escuchando el universo para percibir sus múltiples aspectos
y fortalece en la fuente de la vida.
Baudouin

He escuchado tantas veces «siempre supe que algo no estaba bien, pero no sabía de qué se trataba, algo parecía no encajar». Existen señales externas de peligro que podemos sentir, pero también existe dentro de nosotros una alarma que se dispara para hacernos sobrevivir y ese es nuestro instinto, que ha sido desarrollado a través de todos los siglos en que los seres humanos nos hemos enfrentado a diversos peligros por nuestra supervivencia.

Puede venir de ningún lugar, aparecer de repente frente a personas o situaciones que no notamos extrañas, pero aparece y debemos seguir su consejo. Esta advertencia es misteriosa y efímera, pero es profundamente sabia.

Debes seguir el consejo que te brinda, luego de sufrir una relación tormentosa tu instinto estará aguzado en búsqueda de señales que tal vez tu consciente pueda pasar por alto o que estés negando, pero tu intuición es sabia y ve más allá de lo que es presente a tus ojos. Recuerda que debes escucharte y seguir los consejos de esa sabiduría, para no recaer en las manos de otra persona que no te sabrá amar.

Notas reflexivas

Te invito a que escribas en las líneas que verás a continuación, las ideas, reflexiones o sensaciones que van emergiendo en ti. Esto te permitirá poner orden y claridad a tus pensamientos y emociones.

¿De qué te has dado cuenta con la lectura de este capítulo? ¿Cómo podrías convertirlo en un elemento positivo de crecimiento y en defensa de tu felicidad? Colócale nombre a las emociones que emergen de ti.

Capítulo 5
Sabiamente sana

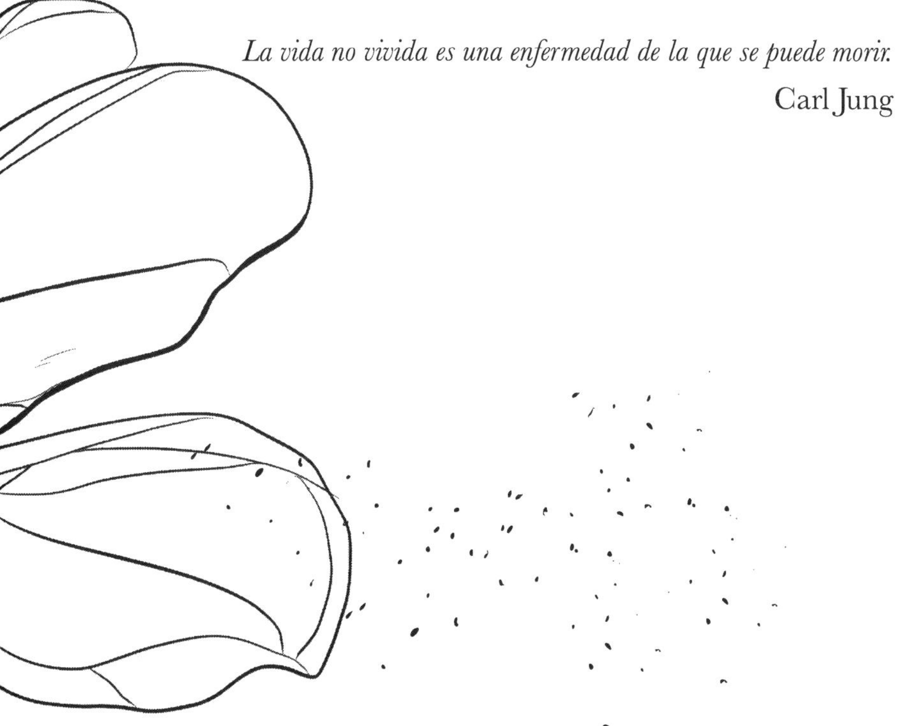

La vida no vivida es una enfermedad de la que se puede morir.

Carl Jung

Ya estás en tu proceso de sanación, pero aún dentro de ti se pueden encontrar ciertos rasgos tóxicos que pueden estar invisibilizados, porque la convivencia con personas que no saben amar siempre deja secuelas. Asumes un rol dentro de cada dinámica relacional.

Codependiente frente a conarcisista

El término conarcisista se refiere a la persona que mantiene un vínculo con el psicópata encubierto. Se va adaptando, aprendiendo a cooperar y a validar para sobrevivir a este tipo de relaciones. De esa manera busca mantener la calma y evitar el conflicto.

El término codependiente hace referencia a la persona que mantiene un vínculo en una posición sumisa, con el objeto de no ser abandonada, le da miedo estar sola. Desea mantener contentos y satisfechos a quienes ama, así tenga que soportar cosas horribles.

La diferencia radica en que el rol que ejerce el conarcisista se basa en acomodarse y soportar los comportamientos rígidos y abusivos del maltratador. Solo siendo pasiva y agradable, la víctima puede permanecer segura mientras se encuentra en esta relación peligrosa, aunque no dependa de esta. En cambio una persona co-dependiente necesita estar bien en la relación y esto genera una adicción; además tiene miedo a la soledad, lo que tiene como consecuencia que no puedan abandonar estas relaciones, y cuando el abusador deja la relación lo buscan para retomar eso que les daba una falsa felicidad.

Las víctimas conarcisistas aprenden inconscientemente a usar el apaciguamiento —ser agradable y pasivo— con la esperanza de inhibir las reacciones hostiles de los narcisistas dominantes.

Esta sumisión es una estrategia de «supervivencia» que la persona conarcisista utiliza para poder sobrellevar la relación. A esta estrategia sumisa de supervivencia se les agregan sentimientos de vergüenza, culpa, ansiedad… Las víctimas de los narcisistas aprenden que deben cooperar si quieren estar seguras en su entorno, porque de no ser así se pueden ver involucradas en situaciones de violencia.

Tus pulgas tóxicas

He escuchado a muchas mujeres estar preocupadas por actuar de manera similar a sus madres, padres, incluso a sus parejas. ¿Te has preguntado cómo reaccionas antes los abusos? Cuando niegan, exageran o tergiversan la realidad de los hechos o simplemente hacen oídos sordos a tus emociones, ¿cómo te has sentido?, ¿qué has hecho en esas situaciones?

Para Fernández Txasko, (2018) estos rasgos que tú podrías tener, se llaman «pulgas» y hacen referencia a comportamientos, actitudes y rasgos mostrados por una persona conarcisista, que han sido aprendidos al ser criada o acompañada durante largo tiempo por una persona tóxica. Los hijos de las familias con rasgos narcisistas crecen creyendo que solo hay una forma de sentirse validado, querido y aceptado y es cediendo a las necesidades de sus padres. El mismo fenómeno ocurre cuando has sido expuesto por muchos años a una pareja que es un psicópata encubierto.

Sin embargo, en mi experiencia profesional no solo la sumisión para evitar un escenario de conflicto está presente. En ocasiones las victimas de esos abusos responden también con episodios de frialdad, ira, traición y sarcasmo. Creen que a través de estas acciones podrán herir al otro, desencadenando una oleada violenta que puede retornárseles.

Y al final lo que generan son dudas sobre sí mismos, sobre sus comportamientos y caen en una espiral de reproche y autodesprecio por reconocer esos rasgos dentro de ellas. El abusador puede aprovechar estos momentos para convertir de nuevo a la víctima en su suplemento narcisista.

Otros de los aspectos de preocupación es que la ira, la frustración o la irritabilidad pueden ser canalizadas hacia aquellas personas que están bajo tu poder, sean tus hijos o subordinados en el trabajo. La explosión de emociones negativas, críticas, exigencias, gritos, golpes y no disponibilidad emocional pueden ser descargadas en ellos al más mínimo detalle de «desobediencia», convirtiéndolos así en la próxima generación de abandonados emocionalmente.

Mi invitación es a que pongas mucha atención a tus propios rasgos, ya que seguramente has adoptado muchos de estos comportamientos que van cargados de ausencia de empatía y mucho resentimiento. Y a través de conocerlos puedas modificarlos para generar un futuro mejor.

La clave es el equilibrio

Llega un momento en donde todo deja de doler;
los recuerdos, las personas, el amor y hasta la vida;
y entonces un día aprendes a perdonar,
a soltar y a vivir sin rencores; y después de tantas heridas,
entiendes que el amor no es un «para siempre»
sino hasta un «hasta donde sea sano» porque después de todo,
el amor verdadero no es más que la salud mental
y equilibrio emocional.

J. Wailen

Me gustaría compartirte una investigación que realicé en 2016 sobre el apego. Pude concluir que las personas, posterior a un evento doloroso como puede ser una triangulación o infidelidad, pueden tomar extremos emocionales poco saludables en sus vínculos amorosos y tal vez puedes verte identificado en algunos de estos.

En la búsqueda de tu bienestar y protección emocional puedes pasar de un extremo de dependencia y ansiedad a otro de independencia y evitación, siendo ambos extremos garantes de insatisfacción, frustración y sensación de soledad. De ahí la importancia de realizar un proceso de duelo, recuperación y sanación que involucre la toma de conciencia, la identificación, modificación de pensamientos, emociones, conductas y el agradecimiento.

Las personas con estilo de apego evitativo tienen una percepción positiva de sí mismas y negativa de los demás. Suelen eludir los pensamientos con una actitud de autosuficiencia y evitación. Los pensamientos son centrados en una posición de enfrentamiento, que gira alrededor de creer que los demás hicieron algo malo. Esta clase de personas suele asumir una postura de rectitud moral y concentran sus esfuerzos en dar un justo castigo o simplemente esperar que una fuerza mayor conspire para saldar la supuesta situación indigna.

Por su parte, las personas con altos niveles de ansiedad, como lo son las de estilo de apego preocupado y temeroso, se sitúan desde el otro extremo. Estas tienen una percepción negativa de sí mismas y positiva de los demás, presentan un autoconcepto desvalorizado, no merecen ni cuidados ni atención, y en caso de suceder una ruptura de pareja, suelen sentirse culpables.

Dichas personas suelen presentar pensamientos rumiantes centrados en la vida propia, buscan causas sobre su propio sentimiento, aceptando todo tipo de explicaciones que generan, especialmente si son dramáticas y las sitúan en el papel de la víctima. Están destinadas a pensar en lo malo que han hecho, lo que las lleva a realizar cuestionamientos constantes sobre sus emociones y conductas.

Al final pude concluir que ambos extremos están errados, porque no representan una sanación integral frente al trauma. Solo buscan, a través de mecanismos de defensa, evadir lo realmente importante. En cierta forma esquivan el hecho de tener que accionar para lograr romper el vínculo tóxico.

En búsqueda de esa acción liberadora

Llegó el momento de decir adiós a esa relación que tanto daño te ha hecho. Posiblemente durante muchos años lo habías pensado, te habías imaginado libre de esas cadenas, pero siempre algo pasaba y te veías de nuevo encerrada en esa jaula.

Lo primero que debes hacer es dejar los reproches y las culpas, una vez cesas estas emociones negativas, tu cerebro deja de mandar señales a la amígdala en la producción de sustancias que causan el estrés y el abatimiento. Es decir, químicamente tu cuerpo cambia cuando tú te decides a cambiar.

No te apresures, toma las cosas con calma, cada vez que aparezca un pensamiento negativo, transfórmalo en positivo; esto implica un esfuerzo muy grande de tu voluntad, pero es necesario. Evalúa tu situación actual, y después de eso junta tus dos fuerzas más poderosas: el deseo y la voluntad.

El deseo está ligado al placer, las emociones, los apetitos, las fantasías; por otro lado, la voluntad se relaciona con el poder, la autoridad, las ganas de hacer algo. Debes juntar tu parte más espiritual y onírica (deseo), con la parte más terrenal y centrada (voluntad), de esa forma vas tener un total control sobre cómo actúas frente a las situaciones, porque no puedes controlar lo que sientes, pero sí lo que haces frente a ese sentimiento.

Un ejercicio que puedes hacer es elaborar una lista con cinco situaciones límites, por ejemplo, cuando el abusador te descalifica por tus logros académicos. Y después de analizar cómo te sientes, crea una conducta de reemplazo, es decir, si él hace eso, no voy a llorar, voy a ignorarlo. De esa forma, puedes ir trabajando con tus emociones. Mi recomendación es que no hagas todo a la vez porque puede ser muy agobiante.

Tal vez salir de la relación se ve como una meta imposible, y puede que la sientas así, pero nada más lejos de la realidad, recuerda que tú tienes el control de tu vida. Piensa que, si intentas comerte una torta de un solo bocado, no vas a poder, necesitas planificarte y dividir en pequeños pedazos la salida.

No debemos olvidar que el abusador no quiere alejarse de ti y hará todo por regresar, por eso es importante la decisión. Además, tienes que prepararte para todo, picar el pastel en partes es buscar asesoría legal, financiera, saber cuáles son tus verdaderos recursos y las personas con las que puedes contar.

Esta etapa puede ser muy agobiante, pero te aseguro que con planificación y teniendo la meta clara se te hará mucho más amable. Si sales de la relación tóxica sin prepararte lo más probable es que regreses, recuerda que uno de los métodos de los abusadores fue aislarte para que justamente no te pudieras separar.

Eres fuerte y sabes que mereces algo más, confía en ti y verás que el proceso se pondrá a tu favor. Eso sí, siempre con tus deseos y tu voluntad trabajando de la mano para no solo recuperarte, sino también para evolucionar.

Tu proyecto: la felicidad

Me gustaría preguntarte algo: ¿qué te hace feliz?, ¿en qué te permites sentir placer? Cuando disfrutas, ¿sientes culpa?, ¿puedes disfrutar solo, o necesitas a alguien más para hacerlo?

Como ya sabes, un vínculo con alguien que no sabe amar no es fácil y pudiste desarrollar conductas codependientes, que una vez terminada la relación siguen presentes, ya no solo con el abusador, sino con todas las demás personas. Esto apagó ese regulador del placer propio, pudiendo llegar al punto donde pensar en hacer algo sin compartir con alguien o en soledad es casi una ofensa para ti. Fue mucho tiempo negándote placeres, sueños e ilusiones.

Es el caso de muchas mujeres que sacrifican su bienestar y su felicidad por la familia, dejan de seguir el verdadero amor por el bienestar económico o dejan a un lado carreras o emprendimientos para dedicarse exclusivamente a los hijos y al hogar. Se negaron el placer, esa sensación que da cuando hacemos algo que nos gusta genuinamente, y produce sensaciones gratificantes en nuestro cuerpo, mente y alma. Los instantes de placer son los que nos hacen sentirnos bien y satisfechos.

El placer puede venir en, pero la felicidad es un todo, esta es el estado de ánimo que nos produce hacer lo que nos gusta, desarrollarnos, sentirnos completos y aspirar más. Cada persona consigue la felicidad en acciones distintas, algunas pintan, otras cocinan, otras ayudan al crecimiento espiritual de los demás. Lo importante es que la felicidad no es una meta a cumplir, es el camino que recorremos mientras cumplimos nuestras metas.

Ahora, después de leer eso, hazte la pregunta: ¿Eres feliz?, ¿te sientes bien?, ¿sabes ser feliz?, después de salir de la relación abusiva ¿sabes lo que te generará bienestar y te permitirás hacerlo? Pregúntate eso porque muchas veces lo que nos hace mal es evidente, el abusador existe y podemos colocarle toda la culpa, pero aquello que nos genera bienestar se oculta entre capas espesas de culpa y resentimiento.

No solo las relaciones abusivas nos distraen del camino de la felicidad, el ritmo de la vida, el trabajo, las responsabilidades, las deudas y los compromisos parecen no tener fin, vamos colocando en orden de importancia y al fondo del baúl lo que queda de nuestra realización, apartada y sin tiempo. La búsqueda de la felicidad es un trabajo consciente, esta no llegará envuelta en regalo a la puerta de nuestra casa, necesitamos buscarla, apartando todo lo que nos distraiga.

Una forma muy común es el trabajo, si estás todo el día dentro de la oficina y cuando sales lo único en lo que puedes pensar es en trabajo, posiblemente estés frente a un poderoso distractor. Con esto no quiero decir que no se deba trabajar, pienso que existen horarios para todo y el trabajo tiene un horario específico, debemos aprovechar el resto del tiempo en nosotros de manera integral.

Recuerda que las relaciones de abuso se dan en todos lados y eres susceptible a este tipo de relaciones, evalúa si tu jefe es abusivo y de ser este el caso colócale un parado. Relaciones sanas es lo que necesitas en todos los ámbitos de tu vida.

Otro de los distractores más comunes son los hijos. Muchas veces los padres buscan dar a sus hijos todo lo que ellos no pudieron tener, llegando a puntos enfermizos, donde el padre o madre se olvida de sus otros roles dentro de la casa, se olvida de ser esposo o esposa y más importante, se olvida de sí mismo para vivir a través de ellos.

De esa manera y sin saberlo, forman a un ser narcisista que cree merecerlo todo. Enseñar a nuestros hijos el respeto a nuestros espacios y a los tiempos es una forma gigante de amor, porque eso los convertirá en seres respetuosos en el futuro, que sabrán afrontar un «no» como respuesta.

Recuerda siempre que la felicidad es personal, existen tantas felicidades como personas, busca tu camino y síguelo, siempre y cuando no hagas daño a nadie. Encuentra eso que te hace feliz y hazlo, sin importar las críticas que los demás te puedan hacer, ellos también tienen su felicidad, no permitas que nadie arruine la tuya.

Y si no lo sabes, no tienes que culparte, recuerda que llevas mucho tiempo dormido, teniendo como único recurso un «amor» dañado brindado por una persona también dañada. Ir construyendo los lazos que fueron cortados lleva tiempo y esfuerzo, recuerda que también existe un lazo dentro de tu corazón que te lleva a encontrarte. A muchos de mis pacientes cuando salen de una relación, les cuesta identificar qué cosas los hace felices, y es normal, porque tuvieron tanto tiempo una garrapata energética pegada a ellos que no los dejaba sentir. Así que date tu tiempo y busca ese camino.

Existe un término implementado por Lorente (2001), que es la «personalidad bonsái». Esta es la que toman aquellas personas que sufren de abuso y es creada en su totalidad por su perpetrador, al ser el único que le proporciona pequeñas dosis de cariño en un mar de maltratos.

Como los pequeños árboles japoneses, el abusador poda todas las ramas que considere no son estéticas o funcionales para sus malvados fines, representando esas ramas las ganas de salir de la relación o cualquier situación que el maltratador pueda detectar como peligrosa.

Uno de los principales obstáculos en ese camino llamado felicidad es la soledad. Esta es un sentimiento que usualmente se genera cuando nuestra personalidad está en construcción, es decir, en la niñez. Nos sentimos solos cuando nuestra necesidad de afecto no es cubierta por nuestros padres o personas que están a nuestro cuidado, esta herida permanece hasta nuestra adultez, en la cual buscamos de manera inconsciente llenar ese vacío, y es aquí cuando los narcisistas llegan a nuestra vida, porque saben o presienten esa herida y la explotan de todas las formas que ya hemos visto.

Cuando salimos de las relaciones abusivas o estamos en proceso de salir, aparece el miedo a quedarnos solos nuevamente y este puede paralizar todo el proceso. Según Posey[3] existen dos maneras de superar esta nueva sensación de soledad:

La presencia: esta consiste en estar siempre conscientes de nuestra realidad, del aquí y el ahora, ubicarnos totalmente en el tiempo actual, nos ayuda a superar la soledad porque

---

3 Posey, Priscilla. *Recuperarse Del Abuso Narcisista*: *Cómo Sanar de Relaciones Tóxicas y Abuso* (2019)

lentamente nos damos cuenta de lo que realmente nos rodea y de quiénes están a nuestro alrededor.

La autenticidad: ser genuinos nos asegura rodearnos de personas con vínculos sanos, y un vínculo que nos haga crecer es la mejor solución para la soledad.

Busca tu camino, no importa el tiempo, camina contigo, sé tu mejor amigo, escúchate, ámate y resplandece.

Yo sano, vínculo sano

Una pregunta común entre mis pacientes es «¿debo perdonar al abusador?» Y mi respuesta es «no importa». Si el perdón llega o no hacia la otra persona no es importante, lo fundamental eres tú y perdonarte a ti, luego viene el mundo. Existen cuatro principales razones por las cuales el perdón al abusador no es tan importante.

Necesitas avanzar: si sientes que aún no estás lo suficientemente fuerte para establecer ningún tipo de contacto con el abusador, no necesitas perdonar. Recuerda que él puede usar la más mínima debilidad tuya para destruir todo lo que has construido y hacer que regreses a su lado.

Es tu tiempo: el pensamiento del perdón puede consumir muchísimo espacio en tu cabeza, espacio que necesitas para pensar en tu sanación. Si esto ocupa mucho de tu tiempo, deséchalo. Ya habrá ocasión más adelante.

Perdónate: antes de siquiera pensar en perdonar a quien te hizo daño, necesitas ejercer la reconciliación contigo, date el tiempo de amarte y reconocer lo malo, para poder caminar hacia lo bueno que trae el futuro.

Y por último, lo más importante: recuerda que ¡necesitas sanar!

Tener una autoestima sana y un buen autoconcepto es momento de establecer nuevos vínculos. Hasta ahora nos hemos enfocado en las relaciones de pareja y justamente de ellas quiero hablar.

Sobre el amor se ha escrito mucho, hablado mucho y creado mucho. En mi opinión se han popularizado ciertos conceptos erróneos como: el amor todo lo puede, todo lo soporta, la pareja merece entrega extrema, entre otros. Nada más lejos de la realidad, el amor es recíproco, es un equilibrio entre lo que se da y lo que se recibe, se debe basar en valores como la comunicación y ser construido sobre la base del respeto.

Este tipo de amor romántico coincide con eso que los griegos llamaban *eros*, el amor pasional por el otro, ese donde la persona amada se convierte en nuestro objeto de deseo agregándole características que muchas veces no posee o exagerando las que tiene, siempre a la espera de obtener intimidad —sea sexual o no— y con la expectativa de la reciprocidad.

Y menciono al *eros* porque los griegos poseen otros amores como la *filia*, amor por la familia y las amistades; y el *ágape*, que tiene que ver con la compasión y el amor al prójimo no carnal.

En su libro, Pascual Fernández[4] describe errores comunes a la hora de establecer el amor romántico estos errores responden a cuatro mitos, que establecen ciertas creencias:

---

4 *Sobre el mito del amor romántico. Amores cinematográficos y educación. (2016)*

Primer mito: el amor todo lo puede. Incluye las siguientes creencias :

- Falacia de cambio por amor.
- La omnipotencia del amor.
- Normalización del conflicto.
- Creencia en que los polos opuestos se atraen y entienden mejor.
- La compatibilidad del amor y el maltrato.
- Creencia de que el amor «verdadero» lo perdona/aguanta todo.

Segundo mito: el amor verdadero predestinado. Incluye las siguientes creencias:

- La «media naranja».
- La complementariedad.
- Razonamiento emocional.
- Creencia en que solo hay un amor «verdadero» en la vida.
- La perdurabilidad, pasión eterna o equivalencia.

Tercer mito: el amor es lo más importante. Incluye las siguientes creencias:

- Falacia del emparejamiento y conversión del amor de pareja en el centro y la referencia de la existencia.
- Atribución de la capacidad de dar la felicidad.
- Falacia de la entrega total.

- Creencia de entender el amor como despersonalización.
- Creencia en que, si se ama, debe renunciarse a la intimidad.

Cuarto mito: el amor es lo mas importante. Incluye las creencias:

- Matrimonio.
- Los celos.
- La fidelidad y la exclusividad sexista.

Varios de estos hemos visto que se corresponden más con una relación abusiva, como la renuncia a la intimidad o que el amor duele. Errores que una vez conocidos, es necesario erradicar de nuestro sistema de creencias para poder establecer relaciones sanas.

El amor romántico es una elección, y más importante aún, es una construcción de dos personas, un vínculo que se forma a través del tiempo y del desarrollo de un plan de vida en conjunto; toda relación romántica tiene una finalidad, ser felices. La pareja no es una razón para vivir, es un complemento.

La literatura especializada da tres factores para que una pareja sea sana: la pasión, la intimidad y la decisión-compromiso. La pasión es definida como los sentimientos que crean el acercamiento hacia el otro y la forma de establecer la conexión. La intimidad reúne conceptos como la autoestima, la entrega y la satisfacción sexual. Por último, la decisión-compromiso. Esta tiene dos etapas: una primera donde se es consciente de iniciar la relación, y la segunda, cuando se decide ir con todo, eliminando las otras opciones y centrándonos en la pareja.

Si una pareja establece un vínculo sano, obtendrá altos niveles de satisfacción, es decir, sus expectativas, y lo que hacen dentro de la relación estará equiparado, por lo tanto, la inversión que la relación representa, será rentable en términos emocionales y temporales, porque el tiempo que invertimos en sentirnos bien con el otro, jamás es tiempo perdido.

Finalmente, para que una pareja sea estable en el tiempo es necesaria la comprensión, el cuidado constante del vínculo, el apoyo en momentos difíciles y sobre todo legitimar la evolución de la pareja, a través de conseguir logros juntos y celebrar los éxitos personales.

Agradecer lo que fue para permitir el futuro

Para poder avanzar en la recuperación total de tu alma es necesario que dejes atrás el papel de víctima, ya sabes por qué llegaste hasta ese punto y gracias a tu valentía lograste salir. Ahora es momento de mirar hacia atrás y agradecer lo que pasó.

Aunque pueda sonar descabellado, el agradecimiento es una fuerza muy potente, permite evolucionar y dejar de preguntarnos «¿por qué a mí?», para empezar a cuestionarnos sobre las enseñanzas que la experiencia de abusos nos trajo. Se agradece todo, lo malo y lo bueno, pero lo positivo se conserva y lo negativo se desecha.

Tal vez puedas pensar que en cierta forma es conformista eso de agradecer lo que pasó, pero esto se encuentra lejos de la realidad, ser agradecidos nos permite avanzar, dejando los rencores de lado y mirando hacia el futuro, ya no con una maleta llena de oscuridad, sino con una maleta que esté vacía para poder recibir todo lo que la nueva vida, lejos de las personas que no saben amar, nos ofrece.

El hecho de ser agradecidos no solo cuenta con beneficios espirituales, según el Centro de Investigación de Conciencia de la Atención Integral de la UCLA, (Mindfulness Awareness Research Center), ser agradecidos tiene incidencia en muchos más aspectos como son:

- Disminución de la presión arterial y un sistema inmunológico más fuerte.
- Mayor optimismo, felicidad y resiliencia.
- Emociones más positivas y relaciones mejoradas.
- Dormir mejor.
- Sentirse menos solo o aislado.

El agradecimiento rompe esas últimas cadenas que podían quedar, toma el dolor y lo convierte en la materia prima de esos proyectos futuros que serán exitosos. Además, abre las puertas a la sanación de las nuevas generaciones.

Construye tu legado saludable

Como ya sabes, muchas de las personas que sufren abusos en sus parejas sentimentales, previamente sufrieron maltratos similares en el hogar; es una cadena que tú tienes la decisión de romper.

Como padre o madre tienes el poder de instruir a la nueva generación en la creación de vínculos sanos, pero para eso, tienes que sanar tú primero. Esto debido a que sin querer puedes repetir en tus hijos ciertas conductas de tus padres, esas que quedaron grabadas en lugares a los que tu consciente no es capaz de llegar. Está en tus manos el poder de no crear psicópatas encubiertos al no repetir esos patrones de conducta.

Pero también debes tener cuidado del otro extremo, que es mimar tanto a tu hijo que pueda llegar a creer que todo lo merece; en ese caso estarías criando un abusador en potencia. Es importante que los niños desde pequeños entiendan conceptos como la responsabilidad por sus actos y la empatía por los demás, de esa manera formarás adultos que mañana tendrán vínculos cada vez más sanos.

Controlar tu vida es poner límites

Luego de todo lo ocurrido es momento de salir nuevamente al mundo, ya sabiendo cuáles son tus capacidades, tus fortalezas y con una autoestima alta. Pero antes del paso final, necesitas establecer una serie de barreras para evitar caer de nuevo en las garras de una persona manipuladora que pueda dañarte.

Esto no significa convertirte en una muralla de hielo impenetrable, significa saber lidiar con los aspectos que no controlas, usando aquellos que sí puedes controlar.

Es decir NO cuando no quiero algo y SÍ cuando lo deseo o necesito. Es decir HASTA AQUÍ. Es NO dejarme llevar haciendo lo que los demás quieren por no crear conflicto. Es NO terminar haciendo las sugerencias de los demás. Poner límites es una acción muy compleja que encierra en sí misma muchas cualidades humanas, y si el ser humano las tuviera plenamente desarrolladas, disfrutaría al cien por ciento de sus relaciones interpersonales.

Entre estas cualidades están: la capacidad de autoconocimiento para saber exactamente cuáles son tus propios límites, saber exponerlos cuando sea oportuno, y la valentía de ponerte por encima de todas tus resistencias internas que te impiden hacerlo de forma sabia y exitosa.

Te sugiero que realices una lista con conductas que no vas a permitir de nuevo en tu vida, pon todo lo que consideres pertinente, la lista puede ser tan grande como lo necesites.

Una vez elaborada, coloca las respuestas que darás frente a esas situaciones. No se trata de una reacción, porque esta es espontánea y va ligada a los sentimientos, es acerca de responder con claridad y firmeza frente a lo que decidiste nunca más pasaría en tu vida.

Con el tiempo te darás cuenta de que, colocando límites, tus relaciones serán muchísimo más sanas, ya que las personas que sepan respetarlos y comprenderlos son aquellas que en una alta posibilidad serán beneficiosas para tu crecimiento. Además, esto contribuye al aumento de tu autoestima y el mejoramiento de tu autoconcepto.

Rompe el vínculo tóxico

Te extraño y me extraño, y a este punto no sé qué es peor,
no tenerte o no tenerme. Porque a ti te tuve que dejar ir,
pero yo, todavía me rehúso a perderme.
D. Juárez Ibarra

Lo más importante a la hora de salir de una relación tóxica es romper todo contacto con la persona abusadora, esto previniendo, por nuestra parte, posibles recaídas en sus juegos o debilidades. Pero existen casos en los que la ruptura total se hace imposible, por ejemplo, si nuestro abusador es nuestra madre o nuestro padre, o en caso de ser nuestra pareja, si tenemos hijos pequeños.

En estos casos, donde por circunstancias ajenas a ti necesitas mantener cierto tipo de contacto, te recomiendo dos métodos para que no te afecten los comentarios que puedan hacerte.

Contacto cero: como su nombre lo indica tiene que ver con reducir a ninguno los contactos con el abusador, este método está enfocado en evitar todo el daño que pueda causarte una vez terminada la relación. Olvida los términos de venganza o hacer recapacitar al psicópata, eso no funciona. Lo más importante es cortar con el vínculo tóxico. Algunos consejos que puedo darte son:

- Corta todas las vías de comunicación, telefónicas y cibernéticas.

- Evita ir a los sitios que sabes puede frecuentar con regularidad.
- Evita los encuentros casuales.
- Elude las relaciones con amistades en común o hablar del tema con terceros. Solicita a tu amigo que no te hable ni te dé mensajes de tu expareja o familiar.
- No intentes alertar a sus nuevas parejas o familiares sobre sus comportamientos psicopáticos, recuerda que saben manipular a los demás y vas a terminar vista como una persona resentida, con inestabilidad mental o emocional.
- Renuncia a fotos, *emails*, cartas, música, todo aquello que recuerde la parte «bonita» de la relación. Borra todo.
- En algún punto querrá violar toda regla y prohibiciones, pues le resulta irresistible.
- Cuídate de ingerir sustancias que alteren tus emociones y te predispongan a expresarlas sin filtro. Toda pérdida de control será útil para una campaña de desprestigio.
- Vuelve a conectar con las personas que formaban parte de tu vida, que te apoyan sin condiciones y de manera genuina. Descarta las personas que intentan culpabilizarte y seguir indagando sobre tu vínculo traumático.
- Pide ayuda y apoyo en el caso de ser dependiente económicamente del psicópata. Recuerda, esto es temporal y pronto podrás resolver tu independencia. No hay nada de qué avergonzarse, has sido timado.
- Asesórate legalmente sobre tus derechos y cómo puedes protegerte financiera y personalmente.

Todo esto te ayudará a romper el vínculo mientras sanas; además, recuerda que el abusador no va a cambiar, así que no tiene sentido albergar una esperanza. Es necesario alejar de tu vida todo lo que te haga mal.

Minimizar el contacto: si debes verlo por tener hijos en común, por trabajo o porque pertenece a la familia, lo ideal es que minimices todo tipo de contacto. Para eso puedes:

- Evitar el contacto visual y físico.
- Mantener una sola vía de comunicación escrita y para lo estrictamente necesario. Si toca algún tema fuera de lo que los compromete a ambos, ignóralo y no respondas.
- Evita reuniones o sitios en común. Si intenta ridiculizarte, humillarte en público, vete, la mejor defensa para ti es ignorar y no darle la oportunidad de desprestigiarte.
- Si están en un mismo lugar, aléjate y ubícate al otro extremo de esa persona.
- No involucres a terceros, simplemente evita el contacto.
- Rompe con la adicción emocional negativa y ocúpate de ti.

Recuerda que lo más importante es tu recuperación, es momento de ser el centro de tu vida y si de verdad sientes que no puedes ver a esa persona que tanto daño te hizo, corta todo contacto.

Piedra gris:

El águila americana de la fábula no solo se renueva por completo para vivir nuevamente, aplica la mejor estrategia contra el único animal que pretende comerla, el zamuro, que la picotea con insistencia tratando de vencerla, derribarla y esperando que caiga. El águila, más astuta, en silencio, no pelea, solo vuela, y vuela tan alto que el zamuro sin darse cuenta se queda sin oxígeno y cae al vacío.

¿Recuerdas que el abusador se alimenta de desestabilizarte, de tus reacciones emocionales? Te propongo te conviertas en una piedra, sin emociones, aburrida, sin expresiones, sin hablar de sentimientos o temas sensibles, solo banalidades. Ya no somos el combustible de abusadores, de esta forma no dejaremos que se guinden a nosotros las garrapatas emocionales.

Este término fue usado por primera vez en 2012 por Skylar, una *blogger* que usa seudónimo para no ser encontrada por su abusador. Si no reaccionas frente a los ataques, el abusador no sabrá que hacer, cada vez querrá hacer más daño, pero ante la falta de reacción, irremediablemente se aburrirá y buscará otra víctima.

La mejor guerra es la que no se lucha, recuerda que el psicópata se nutre de tus reacciones negativas, no lo alimentes, no caigas en su juego, sé libre y feliz mientras llega el momento.

Gestión de emociones

Las técnicas anteriormente descritas como contacto cero o piedra gris, no significan que no sentirás nada. Primero, solo estarás en condiciones de aplicarlas adecuadamente si eres capaz de gestionar las emociones que devendrán, pues la experiencia es intensa, amerita autoconocimiento y regulación.

Por otro lado, es necesario que aunque no le ofrezcas suplemento al narcisista, tengas en cuenta que es preciso que vivas tus emociones genuinamente, por tu estabilidad y salud mental. La gestión emocional se refiere a ser conscientes de las emociones que sentimos, aceptarlas y regularlas si es necesario.

Por desgracia, vivimos en una sociedad que considera a las emociones irracionales, prácticamente su contrario. Lo cierto es que estas forman parte de nosotros y cumplen una función adaptativa permitiendo el bienestar psicológico, reducir el estrés y la toma de mejores decisiones. Por ello tenemos que aprender a aceptarlas y llevarnos con ellas lo mejor posible.

Acepta tus emociones. Déjalas fluir. No bloquees el miedo o el enojo; por el contrario, familiarízate con él, colócale nombre, figura y visualízalo dejándolo ir o desvaneciéndolo. La mejor forma de contrarrestar su poder sobre ti es confrontarlos con pensamientos positivos y evidencia de experiencias pasadas donde hayas logrado objetivos con tus cualidades personales.

Ten una actitud positiva, reflejándola hasta en tus posturas corporales, levanta los hombros y sube la mirada. Con esa actitud de empoderamiento, sal de situaciones de riesgo, sal de la zona de conflicto a tiempo. Todo esto será posible si eres capaz de identificar con nombre lo que sientes, lo aceptas y buscas mejores alternativas de respuesta conductual.

Haz tu propia interpretación del mundo, permítete equivocarte y retomar las veces que sea necesario.

Una de las estrategias más útiles para gestionar mejor las emociones es la atención consciente, solo requiere adoptar una manera de evaluar los eventos caracterizada por la autocompasión, la atención en el momento presente o la mentalidad no enjuiciadora. Sin embargo, su práctica requiere voluntad y esfuerzo, por lo que no es fácil y hay que trabajarla con constancia.

Notas reflexivas

Te invito a que escribas en las líneas que verás a continuación, las ideas, reflexiones o sensaciones que van emergiendo en ti. Esto te permitirá poner orden y claridad a tus pensamientos y emociones.

¿De qué te has dado cuenta con la lectura de este capítulo? ¿Cómo podrías convertirlo en un elemento positivo de crecimiento y en defensa de tu felicidad? Colócale nombre a las emociones que emergen de ti.

Capítulo 6

En defensa de mi felicidad

Ahora se ve más bonita y se siente perfecta; ya no pelea con sus defectos
ni se asusta con sus demonios; ya no sufre por su pasado
y menos por su tristeza, y es que después de tantas heridas,
por fin se enamoró de su alma; por fin entendió que su belleza
es más grande que sus miedos y que su desastre
es tan bello como su corazón.

J. Wailen

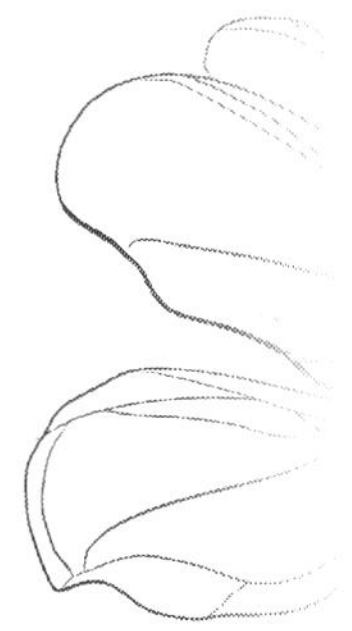

Finalmente, llegamos a la parte más enriquecedora del libro. En esta fase eres tú la encargada de darle sentido. En este apartado encontrarás herramientas o estrategias que al ponerlas en práctica serán de utilidad para despertar poco a poco tu cerebro, alma y cuerpo.

Lo primero que debes hacer es **olvidarte de los parámetros sociales** que van en contra de tu realización personal. Depura y limpia tu mente de concepciones sobre la vida que se alejen de lo sano, de tu libertad y del respeto propio. Toma en cuenta solo valores e ideas que tengan congruencia con lo que eres y lo que deseas y llévalos a tu vida.

Desde luego es muy importante respetarte y eso implica **respetar tu ritmo, tus tiempos**, no te compares con nadie más y se tú quien ponga fecha a tus cambios. No es necesario correr, apresurarte ni atropellarte, pues lo cambios traen consigo caos temporales, es necesario que te prepares y te vayas adaptando. Recuerda que esta es tu vida y ahora tú tienes el control.

No te atormentes con ver lejos la felicidad, con percibirla como inalcanzable. No te reproches si recaes, pues, también forma parte del proceso y traerá nuevas reflexiones. Vive un día a la vez y enamórate del proceso de transformación; siente, vive y disfruta cada etapa o cada desafío emocional, pues ese será tu logro. **Ten en cuenta que la felicidad se vive y también se construye.**

Pon tus culpas a tomar el sol, hasta ahora evadir, ocultar y negar tu dolor, tu realidad, solo te ha traído tristeza, sensación de soledad e impotencia, un cansancio que no logras explicar con palabras y una desesperanza aterradora. Hacer contacto con tus propios pensamientos, emociones o recuerdos puede traer desagrado, malestar y rechazo, pero recuerda que sin reconocer y ver ese dolor o esa herida no podrás sanar.

Se nos hace más fácil recurrir a remedios externos, alguien que nos asegure que todo estará bien, que adivine el futuro o que nos vendan una felicidad sin esfuerzo.

La palabra «empoderarte» nos habla de aumentar tu capacidad para tomar decisiones y poder transformar esas elecciones en acciones y resultados deseados. El desarrollo de tus propias capacidades, potenciar tu confianza y autoconcepto es clave para que veas resultados.

Vive despacio. Tú serás responsable de crear tus propias herramientas, aquellas que no recibiste cuando eras niño o que olvidaste por algún tiempo. Serás tu propio abrazo, tu compañía, y enviarás mensajes positivos que te ayudan a mantenerte motivada a conseguir la paz, y la alegría.

El tiempo es ahora, pues la vida es corta

Tomaré la publicación de Tim Urban, publicada por *Fell the brain* en 2016 para mostrar lo corta que es vida.

A veces parece que nuestras vidas están hechas de un incontable número de semanas. Pero aquí las tienes a cada una de ellas, delante de ti. Observa la siguiente imagen. Estas son las semanas que vas a vivir durante 90 años. El eje vertical es la edad que hoy tienes y el horizontal el número de semanas por año.

Ahora que lo miras, se ven pocas, ¿no? Ubícate en la semana que te corresponde, observa cuántas te quedan y piensa si vale o no la pena reconstruirte, sanar y buscar la felicidad que tanto anhelas para empezar a vivir plenamente.

A 90-Year Human Life in Weeks
Week of the Year
1 5 10 15 20 25 30 35 40 45 50
Age
0 5 10 15 20 25 30 35 40 45 50 55 60 65 70 75 80 85
90
waitbutwhy.com

Observa cuánto de tu vida has invertido hasta ahora y las cosas aún no cambian. Toma una semana y evalúa cuánto le dedicas a cada aspecto de tu vida, al trabajo, a la familia y a ti mismo. ¿Cuánto tiempo de esa semana hiciste cosas que te hacían feliz? ¿Cuánto tiempo de esa semana valió la pena vivir?

El ejercicio no es sobre el reproche, sino más bien para soltar de una vez por todas aquella carga, dolor y resentimiento y darle paso a una vida como tú la quieras llevar, bajo tus parámetros y deseos. El momento es hoy, tómate el tiempo del águila para renovarte, aprende de las serpientes que cambian de piel y de las mariposas que luego de una transformación despliegan su vuelo con unas hermosas alas.

Un contrato como promesa

Para que nazca en ti la esperanza, es necesario soltar y dejar atrás todo aquello que te lastimó. La promesa y la decisión irrevocables de no permitir que nadie más te lastime, es esencial. Más allá de ponerle la barrera al otro indeseado, se trata de asumir la responsabilidad de tu vida, solo tú decides lo que de ahora en adelante podrá poner a prueba tus emociones. Una promesa hacia ti mismo de ser feliz.

Yo ____________________________, me hago responsable de mi vida. Pondré todos mis recursos y talentos para ser feliz. Prometo cuidar de mí mismo, tanto mi cuerpo como mi alma serán lo más importante. Me comprometo a informarme, planificarme y tomar acción para alcanzar mi realización personal.

Prometo cumplir mis deseos y necesidades como prioridad y no volver a someterme ni ceder sumisamente ante nadie.

Prometo aceptar cumplidos, mensajes positivos e ideas prometedoras. Un buen compañero/a me aceptará y buscará levantarme y hacerme sentir segura.

Me prometo tomar las riendas de mis relaciones.

Me prometo asumir y trabajar responsablemente mis emociones, pensamientos y conductas.

Me prometo escuchar a mi intuición con conciencia y atención.

Me prometo que no volveré a tolerar que me coloquen adjetivos denigrantes y humillantes.

Me prometo solo tener un vínculo afectivo con equidad, reciprocidad y mutualidad.

Me prometo trabajar en mí con la guía de un profesional, pues no permitiré que mis impulsos, presión o culpa manejen mis conductas nuevamente.

Te invito a hacer tu contrato; personalízalo, ponle fecha y firma. Puedes tomar este como base y agregarle luego todo lo que consideres necesario, recuerda que tú conoces tus necesidades y lo que te hace daño.

Acompañamiento psicológico

Los siguientes ejercicios te abrirán la puerta hacia el conocimiento personal, hacer consciente y aceptar la experiencia vivida, es un paso fundamental y de gran importancia, sin embargo, lo ideal es apoyarlo con un acompañamiento psicológico que te permita la exploración y canalización de las emociones y conductas.

Los movimientos internos traen un caos emocional, es un proceso de ida hacia la profundidad de tu ser y amerita apoyo terapéutico. Con la alianza existe una fuerte vinculación entre la relación terapéutica y los resultados exitosos en los tratamientos.

El terapeuta va entrenando al paciente en su responsabilidad por su proceso de cambio, el paciente retroalimenta y evalúa su propia evolución.

Identifica cuál es tu objetivo:

¿Qué quieres lograr?

____

____

____

____

¿Por qué lo quieres?

____

____

____

____

¿Cuáles son los recursos o estrategias que tienes para lograr tu objetivo?

Es momento de explorarte

Los pensamientos automáticos y las distorsiones cognitivas juegan un rol central en el desencadenamiento y mantenimiento de emociones negativas, como la ansiedad, la depresión y la ira. Los pensamientos automáticos son involuntarios repetitivos, son intrusivos y no siempre las personas están conscientes de ellos. Son pasajeros, discretos, espontáneos, plausibles, consistentes con el estado afectivo de ese momento o con la personalidad.

Distorsiones cognitivas hacen referencia a la validez de los pensamientos automáticos. Son conclusiones o productos cognitivos ilógicos o equivocados, por ejemplo: «Fallé en mi trabajo, soy un fracasado», «nadie me quiere luego de dos fracasos amorosos».

Por lo general las personas estamos más conscientes de la emoción que genera que del pensamiento en sí. Se aceptan como verdaderos, sin reflexionar sobre ellos ni evaluarlos. La emoción está conectada de manera lógica con el contenido de pensamiento automático generando una sensación, un comportamiento determinado y respuestas fisiológicas.

Hay autores que afirman que es al contrario, pues, ante un evento determinado primero se generaría una emoción o un sentimiento y a partir de ello le asigna una interpretación lógica. Lo cierto del caso, es que hay que darle importancia y atención a lo que sucede intrínsecamente para poder modificar aspectos de nosotros mismos.

La identificación de pensamientos y emociones tiene como objetivo, evaluar, mediante un análisis lógico y racional, cómo confronto el pensamiento y dar explicaciones y alternativas razonables.

Cuáles son las distorsiones cognitivas que tenemos que identificar para posteriormente modificarlas:

- Lectura de la mente: asumes lo que los demás están pensando. «Él piensa que soy estúpida».
- Adivinar el futuro: predices el futuro en un sentido negativo. «Fallaré en la entrevista».
- Catastrofización: piensas que lo que sucederá siempre será terrible. «Lo peor sería que él me dejara».
- Maximizar y minimizar: minimizas aspectos positivos y engrandeces los negativos. «Mi pareja me dice cosas horribles, pero es porque está molesto».
- Catalogar: asignas rasgos negativos globales hacia ti mismo y a los demás. «Soy indeseable», «en ella no se puede confiar», «los padres son egoístas».
- Descalificar: consideras que tus logros no valen tanto. «Lo logré porque me pagaron los estudios».

- Filtro mental: focalizas en los detalles negativos. «Hubo un momento que se me fueron las palabras durante una conferencia magistral».
- Sobregeneralización negativa: percibes un patrón global negativo a partir de un solo incidente. «No logré rebajar con este programa, no lo haré nunca».
- Pensamiento dicotómico: no consideras todas las posibilidades, o es si o es no, o es blanco o es negro. «Si dos o tres veces no siento deseo sexual, entonces tengo un problema con la sexualidad».
- Debo vs. tengo que: interpretas las situaciones «como deberían ser», anulando tu necesidad o deseo.
- Personalización: te culpabilizas por determinados eventos. «Caí en esta relación abusiva porque soy muy tonta».
- Echar culpas: no tomas responsabilidades de tus propias emociones y conductas. «Soy así porque mi madre me crió sumisa».
- Comparación falsa: te comparas con estándares poco realistas, y te centras en aspectos donde el otro puede tener ventaja «ella es más exitosa que yo», «es más delgada que yo».
- Remordimiento y reproche: piensas que podrías haber tenido mejores resultados. «Yo debería haber sabido sobre mis finanzas y evitar esta situación».
- Y qué si: afirmas de manera oposicionista y qué importa si esto o aquello ocurre. «No me importa, no es importante para mí».

- Razonamiento emocional: tiene que ser real porque yo lo siento así. «Si siento que mi padre no me quiere, entonces es así».
- Inhabilidad para desconfirmar: rechazo las evidencias. «Si alguien te confiesa su amor, entonces creerás que tiene algún interés oculto».

Pasar de pensamientos automáticos a pensamientos controlados requiere de atención consciente, ocurre en el seno de nuestro conocimiento, depende de la intención voluntaria, es lento, secuencial, analítico, demanda esfuerzo, es más creativo, utiliza la memoria a corto plazo, activa situaciones nuevas y variadas.

Identifica tus fortalezas y cualidades

Descubre tus fortalezas —y utilizo el verbo «descubrir»— porque para los humanos, es más fácil ir caminando por la vida poniendo la lupa donde nos equivocamos, y este panorama se acentúa si nos hemos rodeado de personas muy críticas, que han elegido voltear la mirada cuando logramos metas o somos realmente valiosos.

En ti, muchas veces surgen críticas internas, y son contadas las veces que eres capaz de aplaudirte, de recibir elogios y estar orgulloso. Quizás hasta eres mucho más cruel contigo mismo, que las personas que te rodean.

Si estás interesado en indagar un poco más sobre tus fortalezas; realiza el siguiente ejercicio:

Piensa y escribe de cinco a ocho logros que hayas concretado a lo largo de tu vida. Categorízalos de acuerdo a tangible e intangible.

Una vez escritas esas experiencias de logro. Ve una por una desglosando las cualidades que necesita una persona para cumplir aquello que logró. De esta manera podrás visualizar e identificar tus cualidades.

Por ejemplo: logré emprender un pequeño negocio. Para ello se necesitan cualidades como constancia, creatividad, determinación, perseverancia, disciplina, visión y valentía.

Logré establecer relaciones interpersonales sanas y agradables: fueron necesarias cualidades como integridad, asertividad, apertura mental, prudencia, humor y honestidad.

Seguidamente toma el tiempo para reflexionar un poco acerca de esas cualidades visibles en ti.

Haz una lista de aquellas cosas que puedes recordar que te gustaban en el pasado y que *aún* tienes el deseo de retomar.

Haz una lista de aquellas actividades que sientes el deseo de iniciar, nuevas pero afines a tus gustos.

En caso de que no te sientas motivado fácilmente a ninguna actividad, entonces identifica aquellas que definitivamente no te gustaría hacer para nada y aquellas que podrías probar, a modo de autoevaluación de preferencias.

Te recuerdo un poco algunas de las virtudes y fortalezas del carácter, según Peterson y Seligman

- Coraje: valentía, persistencia, integridad, vitalidad.
- Humanidad: amor, bondad, inteligencia social
- Justicia: ciudadanía, imparcialidad, liderazgo
- Sabiduría y conocimiento: creatividad, curiosidad, apertura mental, amor por el saber, perspectiva

- Templanza: clemencia y misericordia, humildad/modestia, prudencia, autorregulación.
- Trascendencia: apreciación de la belleza y la excelencia, gratitud, esperanza, humor, espiritualidad.

Encuentra tu *flow*

El término *flow* fue acuñado por Mihaly Csikszentmihalyi en 1990, describiendo el fenómeno de volverte «uno» con la actividad. Se refiere a las actividades donde el tiempo se te pasa volando, estás tan concentrado en ello que lo demás pasa desapercibido y sin importancia. No es tan sencilla como para aburrirte, ni tan difícil como para frustrarte; son aquellos momentos donde pensamos: «un poquito más, que todavía no quiero parar».

Para los niños resulta fácil, parecen disfrutar de lo que juegan, aprenden y exploran, quizás saben disfrutar de sus estados de *flow* y lo puedes notar fácilmente en sus expresiones faciales de alegría. Al llegar a la adultez se torna complicado tomar tiempo para el *flow*, adquirirnos responsabilidades y tomamos la vida para «hacer sacrificios» por los otros.

He escuchado algunas veces «no puedo ir a bailar, pues tengo que cuidar un familiar enfermo, cuidar a los hijos» y un sinfín de excusas más, pero por lo general, detrás de esas reglas impuestas, hay miedo al qué dirán «si me ven hacer ejercicio con mi abuela enferma, dirán que no la amo», «si me ven bailando mientras mi hijo está en la escuela, dirán que no trabajo».

Identifica si estos pensamientos son los que más te limitan; si detectas algunos, ten presente que le est*á*s dando todo el poder de tu vida a ese otro, que no le aporta mucho, como para tener que tomar en cuenta su opinión.

Lo cierto es que es importante encontrar tus momentos agradables, para unos puede ser bailar, cantar o pintar. Para otros crear, construir, leer, ejercitarse, o algún deporte. Es indefinida la cantidad de actividades que pueden resultar placenteras para ti. Lo más importante de encontrar tu *flow* es que esos momentos están catalogados como un indicador de felicidad.

Esos instantes te hacen una persona feliz y te ayudan a lidiar con otras circunstancias que pueden resultar más aversivas. Fomentan tu autoestima, y tu cerebro libera sustancias placenteras. Tus momentos de *flow* tienen un gran impacto en tu psiquis, permitiendo descubrir tus nuevas fortalezas o habilidades. Empodérate de ese tiempo para ti, tómalo como urgente, es una medicina que va más allá de mantener la salud mental, está vinculada con ser feliz.

Conociendo mis emociones

Las emociones no son la valoración, sino un sistema organizado complejo constituido de pensamientos, creencias, motivos, significados, experiencias y estados fisiológicos. Todos jugando un papel en la supervivencia. La emoción es una respuesta de baja latencia, determinada por estímulos ambientales claros y no permanentes.

El estado de ánimo es una respuesta de intensidad moderada, relativamente permanente, de latencia más o menos larga y no tan ligada a factores externos.

Todas las emociones son intrínsecas al ser humano y experimentarlas todas es parte nosotros, es imposible evadirlas, lo que podemos es buscar herramientas de afrontamiento, manejo de ellas y vivirlas sí que sean perjudiciales para nuestra vida.

Lo primero es reconocerlas y saber en qué circunstancias podrían aparecer, tomar cada una de ellas y buscar la razón a cada emoción, pues, hasta las emociones negativas son sanas y nos protegen, sin embargo, buscamos que sean pasajeras y que podamos permitirnos vivir plenamente las emociones positivas y con mayor duración. También es importante el estado de quietud, de calma y tranquilidad.

Recuerda que el equilibrio es el bienestar. Una vez que reconozcas tus emociones, evita categorizarlas o juzgarlas, todas son necesarias, trata de colocarle nombres correctos pues no todo es felicidad y tristeza, muchas veces tendemos a generalizar todas las emociones diciendo «me siento triste» cuando en realidad estás asustado. Es importante también hacer consciente cómo las expresamos, cuando un noventa por ciento es no verbal, es decir, el tono y los gestos juegan el papel principal. Tenemos que apoderarnos de la comunicación de nuestras emociones, no solo para que los otros te comprendan, sino también porque permite que tú mismo logres hacerlo.

Te dejo un ejercicio para que puedas ir nombrando y afrontando todas las emociones, tanto las buenas como las malas. Recuerda que en el conocimiento se encuentra el poder de hacer la diferencia.

Situación	Emoción	¿Qué puedo hacer para canalizar positivamente esa emoción?

Confronta los pensamientos negativos con la realidad

Recuerda algunos acontecimientos positivos o importantes en tu vida donde lograste tus propósitos, obtuviste resultado de aquello que tanto trabajaste o anhelaste y escríbelos en una línea de tiempo. Esto te permitirá observar con claridad y recordar aspectos importantes donde te sentiste satisfecha.

En una segunda línea de tiempo, podrás dividir por etapas tu objetivo actual y representarlo en tiempos, esto te organizará y te recordará cuál es el siguiente paso, con miras a alcanzar el objetivo deseado.

Autorreporte y autobservación

El autorregistro y la autobservación nos permiten poner en orden todo lo que pensamos y sentimos. Para muchas personas resulta algo tedioso o poco necesario pues prefieren dejarlo a la voluntad. Sin embargo, esa premisa no funciona, terminamos pasando por alto los aspectos inconscientes y conductas impulsivas.

Si de verdad quieres trabajar en ti y modificar esquemas mentales, generando emociones positivas y conductas adaptadas a tu propósito, entonces pon manos a la obra y tómalo en serio. Los resultados de los ejercicios de autoexploración se potencializan si los llevas a terapia, dado que por sí solos pueden llevarte a reflexiones positivas; sin embargo, recuerda que también pueden estar distorsionados y sería necesario ser confrontados y evaluados en una sesión de terapia psicológica.

Te recomiendo llenar un cuadro similar a este, tómate unos días o semanas y ve anotando todo lo que vaya emergiendo de ti. Arriésgate y descubre cuáles serán los resultados. Describe con detalle una situación o evento, si es posible anota el lugar, la hora, personas que estaban allí, cualquier estímulo puede ser importante.

Tómate el momento para vivir despacio de forma que puedas captar y hacer consciente el pensamiento venga a la mente, y anótalo de inmediato. Identifica si puede esconder alguna distorsión cognitiva que valide tu creencia sobre ti mismo.

Es importante que escribas el pensamiento y puedas distinguirlo de la emoción. Seguidamente anota lo que hiciste inmediatamente después del surgimiento del pensamiento y la emoción. Finalmente anota las consecuencias que el evento tuvo en ti. Sería de mucha ayuda si puedes anotar conductas alternativas que consideres, para mejores resultados.

Situación	
Pensamiento automático	
Distorsión cognitiva	
Emoción	
¿Qué hice?	
Consecuencias	
Reemplazo	

Microanálisis ante situaciones que generan malestar o cambios en tu estado de ánimo.

¿Qué lo detona?	
¿Cómo reaccionas?	
¿Qué sientes?	
¿Cómo lo afrontas?	
¿Qué piensas en ese momento?	
¿Cómo ha afectado tu vida?	
Ejemplos:	
Lo que sé sobre mí y que muestro a los demás	
Lo que sé sobre mí que escondo a los demás	

Ejercicio para identidad

¿Qué me gusta?	
¿Qué me molesta o es irritante para mí?	
¿Quién soy?	
¿Qué es lo que me importa?	
¿Cuáles han sido las fuerzas que hasta ahora han dirigido mi vida?	
¿Qué cosas me hacen sentir bien?	
¿Qué motivos de felicidad tengo?	
¿Qué me produce felicidad y no es difícil de cumplir?	

¿Cuál es un motivo suficiente para luchar a pesar de las dificultades que encuentre en el camino?	
¿Qué estoy buscando?	
¿Con quién cuento como grupo de apoyo?	
¿Qué recursos tengo?	
¿Cuál es mi grado de compromiso?	
¿Usualmente cuáles on las conductas con las que me saboteo?	

Luego de un análisis introspectivo, te has dado cuenta que es necesario modificar ciertas ideas, creencias o esquemas pues han sido la causa de angustia, tristeza, ira o desesperanza. Son las cadenas imaginarias que te has creado para sabotear tu felicidad. Revisemos ahora los esquemas constructivos.

¿Qué aspectos de mi sirven para mi crecimiento?	
¿Cuáles de mis costumbres o hábitos son buenos?	
¿Qué hago bien?	
¿En cuáles de mis roles me siento bien con mi desempeño?	
¿Cuáles son mis cualidades?	
¿Qué me gusta de mí?	
¿Qué creo que le gusta de mí a la gente?	
¿En qué voy a poner voluntad?	
¿Qué aspectos de mí puedo desarrollar?	

¿Cuáles son mis fortalezas?	
¿Qué me proporciona equilibrio?	
¿Qué me desequilibra?	
¿Cuándo soy flexible?	
¿He logrado a veces controlar mis problemas?	
¿En qué me puedo considerar una persona creativa?	
¿Cuáles son mis polaridades?	
¿Cuáles son los aspectos en los que soy inconforme?	
¿Cuándo soy optimista?	

¿Acepto los cambios?	
¿Considero que soy dueño de mi destino?	
¿Cuido mi salud física?	
¿Cuido mi apariencia física?	
¿Soy una persona espiritual o religiosa?	
¿Cuándo soy comprometido?	
¿Cómo es mi calidad de vida?	
¿Qué disfruto de la vida?	

Otros ejercicios que te ayudarán

Las que a continuación te voy a presentar no están dentro del abanico de técnicas psicológicas, pues muchas veces es necesario hacerlas en sesión y bajo un escenario profesional; sin embargo, son técnicas de programación cerebral que la psicología ha tomado para ayudar a potenciar los resultados y fomentar el «darse cuenta» de aprender no solo de las cogniciones y conductas sino también conectarse con las emociones y sensaciones del cuerpo en tiempo presente.

Debemos poner empeño en reprogramar nuestro cerebro y así segregar sustancias cerebrales. La programación se refiere al proceso de organizar las representaciones mentales a partir de elementos sensoriales, para lograr resultados específicos. Parte del principio básico de que toda conducta es el resultado de procesos neurológicos y que están representados y organizados mediante el sistema del lenguaje y comunicación.

Para lograrlo te recomendó que tomes diez minutos de tu día para realizar ejercicios de meditación o relajación guiada. Esto trae como resultado:

- Experimentamos una agradable sensación de bienestar.
- Nos hacen lograr un mayor control sobre nuestro cuerpo.
- Mejoran nuestra autoestima.
- Reducen la tensión arterial.
- Reducen los niveles de cortisol (hormona del estrés) en la sangre.
- Ayudan a conciliar el sueño.
- Reducen la tensión muscular.
- Nos conducen a romper el círculo vicioso de pensamientos negativos.

Respiración:
Esta es una técnica ideal para iniciarse. El simple hecho de modificar la respiración desencadena en el cuerpo una serie de procesos que disminuirán la ansiedad de un modo significativo. El objetivo de la técnica es aprender a prestar atención a la respiración para hacerlo de un modo óptimo, en el que el protagonista es el abdomen y no el pecho.

Para ello, túmbate boca arriba y adopta una postura recta (pero sin contraer los músculos). También puedes sentarte en una silla, dejando los muslos separados y formando un ángulo de noventa grados con respecto al tronco. Coloca una mano sobre tu pecho y otra sobre tu abdomen. Durante veinte segundos, fíjate en cómo la respiración acciona esas zonas.

Si tu pecho tiene más actividad que tu abdomen significa que la respiración es superficial. Durante tres minutos concéntrate en que sea la mano del abdomen las que se mueva más. Para lograrlo, toma aire profundamente por la nariz durante cinco segundos, mantenlo en la zona del vientre y déjalo salir por la boca durante otros cinco segundos.

- Coloca una mano en el pecho y otra en el abdomen. Toma aire lentamente por la nariz y siente cómo el abdomen se hincha y tu mano, allí colocada, sube. La mano que tienes en el pecho debe mantenerse siempre igual, sin subir ni bajar.
- Una vez tengas allí todo el aire, retenlo unos segundos, con dos será suficiente.
- Deja salir el aire poco a poco por la boca. Debes sentir que el abdomen se va deshinchando y la mano del pecho sigue inmóvil.
- Repite el ejercicio varias veces.

Meditación:
Vamos a explicar aquí una sencilla variante con la que puedes comenzar a beneficiarte de las ventajas de meditar. Para ello, adopta la misma posición del ejercicio de respiración y sigue los mismos pasos. Controla la respiración que acciona tu abdomen al tiempo que recitas mentalmente esta frase: «me relajo». Funciona como un *ohm*, pero al verbalizar nuestro objetivo nos acercamos más a su consecución.

Mantras o frases motivadoras:
Es recomendable que te crees un mantra o una frase que se adapte a ti. Debe ser redactado en forma positiva, en primera persona y tiempo presente. Por ejemplo «hoy es un día maravi-

lloso», «yo soy valiente», «soy hermosa e inteligente», «soy muy talentosa en lo que hago».

En la Harvard University, se realizó un estudio mediante el cual se llegó a la conclusión de que repetir un mantra durante diez a veinte minutos al día, lleva a un estado de relajación.

Entre los principales beneficios de entonar mantras, estos son los más importantes:

- Elimina el estrés e induce a la relajación: cuando se recita un mantra se combina la respiración con el sonido y el ritmo, lo cual equilibra los hemisferios cerebrales. Por ello, el sistema nervioso se regula y el estrés y la ansiedad se reducen. Además, proporciona bienestar y buen humor.
- Baja la tensión arterial.
- Alivia el dolor.
- Mejora la capacidad creativa y la concentración.
- Fortalece el sistema inmune.
- Reduce la producción de hormonas del estrés.
- Potencia la motivación.
- Previene enfermedades ocasionadas por altos niveles de estrés.

Imaginación guiada o con visualizaciones:
Para realizar este ejercicio tomamos prestada de nuevo la técnica de la respiración. En este caso dirigiremos la atención a un escenario imaginario que signifique paz y calma para nosotros. Un prado, una playa, un jardín…lo puedes acompañar de velas aromáticas.

Comienza siguiendo los pasos para respirar y construye mentalmente tu escenario de paz. Cuando lo visualices recórrelo y explóralo con todos tus sentidos. Recréate en los detalles, cada olor, sonido, cada textura... Al cabo de unos minutos haz que el escenario desaparezca. Cuando se haya desvanecido por completo, abre los ojos y da el ejercicio por finalizado. La luz debe ser tenue y, si es posible, pon música relajante pero muy bajito, lo suficiente para escucharla.

Para las personas a quienes les cuesta describir o imaginar un escenario mi recomendación es que ingresen en la web, pues existen numerosos audios y aplicaciones de relajación guiada, escoge el que mejor se adapte a ti y túmbate a disfrutar mientras programas tu cerebro para situaciones y sensaciones positivas.

Relajación progresiva de Jacobson:
Este ejercicio implica conocer qué tipo de grupos musculares podemos relajar. De este modo, lograremos el objetivo de este método: eliminar la tensión residual. Requiere un entrenamiento exhaustivo y prolongado para dominarlo del todo, es una de esas técnicas perfectas para practicar con un especialista que te ayude a aprenderla. Sin embargo, si eres disciplinado y le dedicas todos los días un momento, puedes aprovechar sus beneficios en casa.

- Busca un lugar cómodo para estirar todo tu cuerpo. Procura que no tengas distracciones o interrupciones.
- Pon toda tu atención en la respiración. Practica la respiración diafragmática hasta que sientas que empiezas a relajarte.

- Cuando eso ocurra focaliza toda tu atención en tu pie derecho. Visualízalo en tu cabeza y aprieta los dedos con fuerza, tensa el pie todo lo posible.
- En ese estado cuenta cinco segundos y después relaja todos los músculos del pie.
- Tómate unos segundos para concentrarte en la sensación de relajación que sientes en el pie.
- Haz la misma operación con el pie izquierdo. Continúa progresivamente de abajo arriba contrayendo y relajando los distintos grupos de músculos: los de las piernas, cadera, abdomen, manos, brazos, hombros, cuello y cabeza.
- Una vez hayas llegado a la cabeza, atiende especialmente a la relajación de las mandíbulas, el cuero cabelludo, ambas sienes y la frente.

Entrenamiento autógeno de Schultz:
Procura destinar un momento que te permita dedicarte varios minutos. ¡No tengas prisa! Como para el resto de los ejercicios, busca una estancia donde estés cómodo y tranquilo, aleja cualquier distracción y disponte a comenzar la práctica.

- Cierra los ojos y respira profundamente. Cada vez que expulses el aire lentamente por la boca piensa: «estoy relajado, cada vez más tranquilo». Repite este mantra en tu cabeza varias veces.
- Lleva tu atención hasta la pierna derecha y siente su calor. De nuevo, mientras respiras, repite el mantra: «mi

pierna derecha está relajada, cada vez más». Cuando logres relajarla del todo, cambia a la pierna izquierda.

- Continúa con el abdomen, los brazos y el cuello.
- Una vez hayas llegado al cuello, concéntrate en la cabeza. Repite el mantra: «mi cabeza está despejada». Para cuando hayas repetido esta frase un par de veces todo tu cuerpo debe estar relajado.
- Cuando sientas que es así, sigue respirando hondo antes de abrir los ojos. Mantén en tu mente y tu cuerpo la sensación de relajación que has alcanzado.
- Antes de levantarte estira los músculos y activa todos tus sentidos.

Bailar

La danza es una herramienta que puedes utilizar para la recuperación de tu identidad. Hay estudios científicos que respaldan los beneficios psicológicos del baile recreativo en el estado de ánimo y la autoestima de personas adultas.

Puedes elegir el género musical que te guste, pues el baile aporta flexibilidad, movilización, fortalecimiento, coordinación, intuición, expresividad y estética; en su manifestación principal, el baile puede aparecer como el resultado de una expresión emocional del ser humano. Con sus movimientos y fluidez rítmica es un excelente ejercicio recreacional para fomentar la feminidad y el erotismo. Te da la sensación de sensualidad, goce y expresión emocional.

Tiene poca relevancia si lo haces bien o mal, lo importante es que lo disfrutes. Como todo, puede que al principio te sientas incómoda o poco fluida pero poco a poco notarás que tu cuerpo se suelta y te permites hacer muchos movimientos arriesgados.

Hay tantos géneros que puedes elegir que vayan con tu objetivo, desde el tango hasta el reguetón, la salsa y hasta la danza árabe son ritmos funcionales que sacan los movimientos y actitudes femeninos que estás buscando.

Y si eres un poco más arriesgada el *pole dance* será una de las mejores estrategias que puedes empezar, pues potencia el escenario sensualidad y picardía. No tienes que tener una imagen perfecta, ser flexible o ni ser muy joven para empezar. Permítete descubrirte con un toque de lujuria y desenfreno, aparta lo estereotipos y te sentirás con ganas de salir a comerte el mundo.[5]

Ejercicios físicos

El deporte y la actividad física son herramientas que benefician tanto la salud física como la mental, el ejercicio está asociado positivamente a las intervenciones en salud mental, es decir, que existe una relación positiva entre los niveles altos de actividad física y un menor riesgo de padecer enfermedades de carácter mental.

De igual forma, también existe suficiente evidencia teórica sobre los beneficios en variables emocionales y físicas resaltando la ansiedad, depresión y disminución del estrés; asimismo, mejora de las capacidades cognitivas, habilidades sociales, autoconcepto, resiliencia y reducción de enfermedades degenerativas como la demencia y la enfermedad de Alzhéimer.

---

5 Parte de estos ejercicios fueron tomados de: https://bit.ly/3uEfi18

El ejercicio debe ser realizado con moderación y con unas expectativas realistas. En general se recomienda que la práctica de ejercicio se limite a alrededor cuarenta y cinco minutos.

Beneficios psicológicos del deporte[6]:
Mejora la **condición física general**, lo que disminuye la probabilidad de sufrir estrés y ansiedad, además fomenta la liberación de sustancias como:

Serotonina: hormona que aumenta nuestra seguridad y confianza en nosotros mismos. Las personas que sufren de ansiedad o depresión suelen tener bajos niveles de esta sustancia.

Endorfina: esta hormona funciona como una anestesia natural, el ejercicio hace que se libere, relajando nuestro cuerpo.

Dopamina: el neurotransmisor del placer, es segregado cuando logramos metas o realizamos actividades que nos den gusto.

Oxitocina: es la hormona encargada de equilibrar los vínculos emocionales y afectivos. Con la práctica deportiva se establecen relaciones interpersonales que favorecen la segregación de esta hormona.

Además de los beneficios anteriores, realizar ejercicio también brinda los siguientes beneficios:

- Fomenta la comunicación inter e intrapersonal (ayuda a conocerse mejor).
- Aumenta la autoestima mediante la superación de retos.

6 Algunos beneficios tomados de: https://bit.ly/3rvR2f0

- Mejora la planificación, al tener que someterse a un horario y a una disciplina.
- Quienes hacen deporte suelen rodearse de gente con hábitos saludables, que comen bien, no fuman, etc.
- Mejora la independencia y el sentido de la responsabilidad.
- Estimula el trabajo de la inteligencia emocional (autocontrol de las emociones, autoconocimiento…).
- Fomenta las habilidades sociales.
- Mejora la empatía ante el fracaso o la victoria, así como frente a las lesiones de otros deportistas.
- Reduce la fatiga subjetiva y mejora la resistencia al estrés.
- Mejora la autoeficacia personal, ya que lleva a sentirse capaz de superar situaciones difíciles.
- Incide positivamente en la resiliencia, que es la capacidad de sobreponerse a las adversidades.

No solo el ejercicio ayuda a nuestro cuerpo, una alimentación saludable es la base perfecta en nuestra recuperación. Bastante conocida es la influencia que tiene lo que ingerimos en nuestra salud, tanto física como emocional.

Para muchos la alimentación también es un recurso disponible de acceso rápido y fácil para sentir placer.

Los comedores emocionales son ejemplo de este comportamiento compulsivo donde es más fácil llevarse a la boca una tarta de chocolate para calmar la angustia que detenerse un minuto a reflexionar y buscar alternativas que solventen el malestar emocional. Hay alimentos que producen las mismas sustancias placenteras en el cerebro que te llevarán a regular el estado de ánimo y serán un complemento o un aliado en nuestra recuperación.

Si crees que estas herramientas no funcionarán, recuerda que tal vez estás siendo, una vez más, víctima de ti mismo; puedes encontrarte ante la desesperanza aprendida, aquella que hasta ahora te ha mantenido bajo anestesia.

La vida sí tiene arreglo, sí puedes ser feliz. Solo tienes que dar el primer paso, moverte y dejar que los resultados te sorprendan. Este libro no termina acá, léelo cada que olvides tu objetivo y sientas que pierdes el rumbo. Ahora que tienes las alas libres, solo vuela déjate sorprender con el paisaje que encontrarás.

Si alguien no te lo ha dicho nunca, yo quiero expresarte mi admiración, respeto y orgullo. Yo confío en ti. Si tu panorama se asemeja a lo escrito en este libro, estoy segura de que superarás tu miedo y de que cuentas con una fortaleza inquebrantable, eres fuerte y buena. Ahora es el momento para rescatarte y vivir. Enumera y prioriza cuales serán tus primeros pasos y estrategias que utilizarás en defensa de tu felicidad.

CONCLUSIÓN

La mejor venganza es ser genuinamente feliz.
Anónimo

Gracias por dejar que mis líneas te acompañen y te transformen a través de la toma de conciencia que despertó el conocimiento, sé que este camino no ha sido fácil para ti, pero era necesario. Nadie debe vivir bajo situaciones de abuso. Nacimos para ser felices y libres, para ser amados y amar.

Recuerda que el amor no hace daño, por el contrario; te abraza, te protege y acompaña. Está basado en los pilares de la comunicación, respeto e intimidad. En ese sentido, ten presente que es importante identificar y gestionar tus propias emociones, poner límites no solo a los otros sino tambien a tus estrategias de autosabotaje. Es necesaario mostrarte vulnerable ante el espejo para recordarte que debes cuidar de ti y que la dignidad es la mejor armadura.

El rencor nunca es buen equipaje, perdona de corazón, pero aléjate de aquello que te dañe. Deja la culpa de lado, no te juzgues, aprende y crece. Sé la mujer que abrió la puerta a una generación más sana. Ve despacio, sin que nada ni nadie juegue con tus tiempos, no estás en una competencia; el ritmo lo pones tú. No te obligues a tomar decisiones, siente, piensa y actúa con coherencia y preparación.

Se inspiración de valentía, de comprensión, de futuro. Eres una persona empática y radiante, no dejes que nada te arrebate de nuevo tu luz. El camino a la superación nunca termina: si sientes que puedes caer de nuevo en una relación abusiva, o que no sabes cómo gestionar tus emociones para no alimentar su abuso, toma el tiempo de leer de nuevo y escribir para poner orden. Todos necesitamos tiempo de reflexión y exploración constante.

¡Véanla nada más!
Tan risueña, tan sola y tan libre.
Tal parece que se ha enamorado de su propia vida,
pues nunca antes se le ha visto
ser tan suya y tan de nadie.
J.Wailen

ES TU MOMENTO

Gracias por haber leído el libro que con tanto cariño escribí para ti. Espero este sea el primer paso a una vida plena. Confío en ti, eres valiente. Me gustaría conocer tu experiencia y cómo has transformado tu vida. Recuerda que eres inspiración para muchas otras, por eso he creado un correo, en el cual estaré esperando tus comentarios y respondiendo tus inquietudes.

Correo: claudiasiciliano@hotmail.com
csicilianogill@gmail.com
www.claudiasiciliano.com

RENUNCIA A LA RESPONSABILIDAD LEGAL

El contenido de este libro es para fines informativos pues no tiene la intención de diagnosticar, tratar o actuar como sustituto del profesional médico o psicológico. El tema referido en este libro puede ser susceptible para muchas personas, ya que se considera una experiencia traumática. En caso de síntomas depresivos, confusión emocional que interfiera con sus actividades diarias o en presencia de pensamientos suicidas diríjase a un profesional médico de inmediato. En caso de violencia doméstica, de género o perciba su integridad física o psicológica en peligro, comuníquese con las autoridades competentes de forma inmediata.

Made in the USA
Columbia, SC
31 March 2021

35410120R00136